2009届（首届）国宏一班毕业留念

2012届省宏二班毕业留念

2015届省宏三班毕业留念

2017届省宏三班毕业留念

2020届国宏一班毕业留念

2023届国宏三班毕业留念

文心育人

宏志班的故事

张建涛 ◎ 著

清华大学出版社
北京

内 容 简 介

本书以宏志班学生的成长历程为主线，展现了教育的力量与温度。书中既有作者作为教育者的深刻思考，也有学生的成长心路，传递了爱与智慧的教育精神。这是一部充满实践智慧与人文情怀的作品，适合教育工作者、家长及所有关心教育的人士阅读。

版权所有，侵权必究。举报：010-62782989，beiqinquan@tup.tsinghua.edu.cn。

图书在版编目(CIP)数据

文心育人：宏志班的故事 / 张建涛著. -- 北京：清华大学出版社，2025.3. -- ISBN 978-7-302-68688-0

Ⅰ.G63-53

中国国家版本馆CIP数据核字第2025WG4129号

责任编辑：汪　操
封面设计：傅瑞学
责任校对：赵琳爽
责任印制：沈　露

出版发行：清华大学出版社
网　　址：https://www.tup.com.cn, https://www.wqxuetang.com
地　　址：北京清华大学学研大厦A座
邮　　编：100084
社 总 机：010-83470000
邮　　购：010-62786544
投稿与读者服务：010-62776969, c-service@tup.tsinghua.edu.cn
质量反馈：010-62772015, zhiliang@tup.tsinghua.edu.cn
印 装 者：三河市东方印刷有限公司
经　　销：全国新华书店
开　　本：185mm×260mm　　印　张：16　　插　页：1　　字　数：306千字
版　　次：2025年3月第1版　　印　次：2025年3月第1次印刷
定　　价：59.00元

产品编号：110262-01

名家荐语

读建涛老师的《文心育人：宏志班的故事》是精神的享受，你能读到躬耕教坛三十载的"大先生"的情怀，你能看到扎根泥土一步步成长的卓越教师的足迹，你能闻到旁征博引行文隽永的墨香，你能汲取昂扬向上的精神力量。

教师的工作很平凡，班主任的工作很辛苦，但建涛老师自带光芒，他用强大的精神宇宙温暖着周围的师生。失落时，春风般的慰藉；迷惘时，星光般的指引；无助时，波涛般的力量。他是学生的精神导师，是教师的翘楚，是家长的贴心人。

张天佑，正高级教师、国家级骨干教师、河南省新时代名校长、郑州市第四十七高级中学校长

有信仰，有实践，有思考，一名优秀班主任所应拥有的这三种基本素质，我在张建涛老师身上都清晰地看到了。他有着献身教育的职业信仰，也有着脚踏实地的带班实践，更有着铸魂育人的习惯性思考，他是永远朝着"大先生"方向不懈跋涉的人……耕耘不问收获，自有一路花香。中原名班主任、河南最具影响力班主任的花环，还有这本凝聚着张建涛老师智慧的《文心育人：宏志班的故事》，都让我们真切地闻到了职业幸福的沁人花香。

刘肖，中国教育学会班主任专业委员会理事、河南省中小学班主任研究中心主任、河南省中小学班主任工作指导专业委员会主任委员

这本书稿于我而言，犹如一座蕴藏无尽智慧的宝库，细细研读之下，收获颇丰，感受最深的是张建涛老师对班主任工作的"深情、深做、深研"。

两遍精读，加之时常反复翻阅、浏览，我感受到，书稿中的字字句句，都承载着张老师对班主任工作满满的深情厚谊。日常班级管理琐碎繁杂，可在他笔下，尽是与学生相处时那些充满温度的细节，他将心血倾洒其间，关爱学生、心系班级，这般"深情"，如春风化雨，润泽心灵，筑梦成长，为党育人，为国育才。

而在行动层面，他更是以身作则，诠释"深做"要义。从班级文化精心构建，到每一次主题班会的用心筹备；从处理学生间矛盾冲突的巧妙斡旋，到对特殊学生无微不至的关怀引导，桩桩件件，无不是脚踏实地、亲力亲为，将班主任工作做精、做细、做到极致。

更令人折服的是，张建涛老师不忘"深研"。注重总结梳理提炼提升，深挖教育现象

背后的本质，探寻契合学生成长规律、符合班级发展态势的育人路径。这般对实践深度剖析、对理论不懈钻研的精神，堪称楷模。

张建涛老师以实际行动生动诠释了班主任是班级工作的组织者、班集体建设的指导者、中小学生健康成长的引领者，是中小学思想道德教育的骨干，是沟通家长和社区的桥梁，是实施素质教育的重要力量。相信他的书稿，定能如明灯，照亮更多班主任的前行之路。感恩能有机会拜读学习，未来愿意与他一起努力！

么青，正高级教师、中小学特级教师、中国教育学会班主任专业委员会理事、天津市教育学会班主任专业委员会理事长

"宏志班"是改革开放以来我国中小学独特的教育存在，是寄托希望与未来的发展载体。于此，能够担任宏志班的班主任，必定是能够勇挑重担、励精图治的优秀教师。张建涛老师是诞生在中原大地上的教育名家，是我国优秀班主任的代表。在多年担任宏志班班主任的过程中，张建涛老师夙兴夜寐，求真务实，逐渐总结出独具特色的"宏志"带班育人方略，取得了优异的育人成效。这既创生了宏志班高水准的教育收益，为更多学生成人成才搭建了高质量的成长平台，又创生了班主任自身潜心育人之道，带动了更多班主任在郑州47中省级名班主任工作室内实现同侪共生、多维共进。有机会先行阅读这本饱含深情、富有智慧的教育著作，犹如看到中国450万中小学班主任在教育一线辛勤耕耘的生动场景，相信张建涛老师在持续育人进程中能结出更多硕果。祈盼本书能为中国班主任研究提供更多实践智慧，为建设教育强国探索更为丰富的学理关怀。

张聪，教育学博士，东北师范大学教育学部教授、博士生导师、中国教育学会班主任专业委员会副秘书长

因为共同的志业，我经常走近张建涛老师。翻阅《文心育人：宏志班的故事》，让我真正走进张建涛老师。读故事的过程中，脑海里不断涌现出顾明远先生的四句教育信条："没有爱就没有教育，没有兴趣就没有学习，学生成长在活动中，教师育人在细微处。"宏志班的故事真切折射出爱的力量，建涛老师着实激发了学生的兴趣，精心设计实施了班级活动，这一切都是以满满的细节感为前提的。教育在于日常，日常的教育故事最真实，真实的教育富含爱与智慧。让我们一起走进张建涛老师的"宏志班"，在爱与智慧中获得成长的滋养。

王晋，中国教育学会班主任专业委员会理事、河南省中小学班主任工作指导专业委员会委员、河南大学教育学部教授

《文心育人：宏志班的故事》是郑州市第四十七高级中学张建涛老师的倾心之作。本书记录了他三十年教育生涯的智慧结晶，从宏图远志到素养导向，从守望情谊到担当华章，涵盖丰富育人故事与深刻思考。张老师爱生如子，用爱与智慧点燃教室，打造精神高地，培养祖国栋梁。其独特教育方法与崇高教育追求，使宏志生在学业与精神上双丰收。这不仅是一本教育故事集，更是传递教育热情与智慧的佳作，值得教育工作者与关注教育者一读。

　　刘俐宏，中国教育学会理事、全国名班主任学术发展共同体发起人、《班主任理论与实践》创刊人、重庆市教育学会班主任专业委员会秘书长

　　记录带班故事，传播带班经验，助力教师发展。张建涛老师的教育智慧值得学习借鉴。

　　李冲锋，华东师范大学教育学博士、上海师范大学教育学博士后、中国浦东干部学院副教授

用爱与智慧点亮一间教室（序）

郑州市第四十七高级中学（以下简称"郑州47中"）是全国文明校园、普通高中新课程新教材实施国家级示范校、全国特色学校、全国国防教育示范学校、河南省示范性高中、河南省首批普通高中多样化办学示范学校、河南省宏志生教育品牌学校。

大学之大，首在大师。名校之名，首在名师。郑州47中"横空出世、异军突起"的快速发展得益于锻造了一支师德高尚、业务精湛、结构合理的高质量教师队伍。学校实施"三名工程（名校长、名师、名班主任工程）"以来取得了丰硕成果。学校建设有教育部领航工程叶小耀卓越校长工作室、河南省张建涛名班主任工作室、河南省普通高中学生发展指导导师工作室、郑州市杰出教师工作室、郑州市名师工作室。"三名工程"为教师的快速成长搭建了平台，老师们在学校"厚文化"教育思想的引领下不断向下扎根与积累，不断向上生长与追寻，一大批优秀教师脱颖而出，建涛老师就是在郑州47中这个美丽"四园"[①]中成长起来的优秀教师代表。

建涛老师热爱教育事业，有崇高的教育追求。在30年的从教生涯中始终奋斗在育人一线，始终担任班主任工作，始终将立德树人作为教书育人的核心任务。他所带班级荣获"河南省文明班级"称号，撰写案例获首届河南省德育创新案例一等奖，工作室建设案例入选中国教育学会班主任专业委员会典型案例。如今，这位已有正高级教师、河南省优秀教师、河南最具影响力班主任、河南最具智慧力班主任诸多荣誉加持的"宏志老班[②]"，学生口中的"涛哥"，还在自己热爱的班主任工作岗位上种桃种李种春风。

他乐教爱生，甘于奉献。他爱成绩，但他更爱健康成长的孩子。工作中，他用心，用情，用力，用智。他与学生同作息，与学生共成长，把每一个学生当成自己的孩子，关心每一个学生的学习情况、思想情况、身体情况，让每一个学生都感受到老师爱的温暖，让每一个家长都能放心托付。2020届、2023届两届学生备考时，他清零了自己的社交圈，吃住在校，陪伴学生。网课期间，每天坚持电话家访、视频问学。节假日进行单车家访，走进一个个家庭，走进一个个孩子心里。他还利用到商丘师范学院讲课的机会对一名商丘籍学生进行家访，让家长和孩子备受感动。

他勤学笃行，求是创新。他探求学生生理、心理特点，探索教育教学和管理规律，积极实践，不断提升个人核心育人能力，不断创新管理方法，在学生中深入开展社会主

[①] "四园"，指美丽整洁的花园、温馨和谐的家园、平等对话的学园、师生共长的乐园，是郑州市第四十七高级中学的发展愿景。

[②] 老班，本书中指班主任。

义核心价值观教育，用先进的思想和正确舆论引导学生，让学生树立正确的人生观、价值观、世界观。他关心学生，发展学生，构建民主、科学、创新的班级管理模式，对学生修身治学提出"健康第一，快乐学习，人格完善，成绩优异"的要求。他坚持"一个都不放弃，一直都不放弃"的理念，关爱关注特殊学生群体，及时疏导学生心理问题，促进全体学生全面而有个性地发展。面对问题和挑战，他从不躲避，从不气馁，他认为"主动是破解困局的密码，活动是建设班级的核心，互动是密切情感的纽带，行动是实现梦想的依凭"。网课期间，他创造性总结出"让网课变'网恋'"的班级管理经验，被郑州市教育局和河南省中小学班主任研究中心推介，为全省老师加强线上教学和班级管理提供了智慧支持。

他因材施教，启智润心。师生共绘一幅图、共看一部剧、共唱一首歌、共写一篇文提升了学生心灵层次，学生得以实现精神成长。网课期间他录制"爱国担当，成就大我""我将无我，不负时代"主旨演讲，厚植学生爱国情怀。复学第一课"把灾难当教材，与祖国共成长"被推送至学习强国平台。建党百年主题班会"坚定信仰跟党走，火热青春献祖国"、开学第一课"致敬英雄，成才报国"被河南省教育厅向全省推介。在习近平总书记视察红旗渠的第二天，他开展的"弘扬红旗渠精神，做时代新人"征文活动在学生中收到热烈反响。

他胸怀天下，以文化人。为让宏志生把爱国心、强国志、报国行转化为自觉追求，他充分利用语文学科优势，带领学生读诗、赏诗、写诗，春风化雨，以文化人。从2006年到2023年，17年的坚持，诗歌寄语成了他与每届学生彼此的珍惜。他还坚持每天为学生写一条晨语。春风化雨，润物无声，一块黑板、一个群聊都成了学生精神生长的园地。"涛哥"最懂学生，学生最懂"涛哥"。首届国宏班学生刘果用一首藏头诗《教育诗者张建涛老师》表达对建涛老师的敬意。

他打造精神高地，培养祖国栋梁。他始终牢记立德树人的使命，着力提升学生核心素养，着力培养堪当民族复兴大任的时代新人。在他的教育和引领下，历届宏志生不仅在学业上均取得辉煌成绩，也打造出精神品质新高地。"宏图报党恩，志远为国强"已成为历届宏志生的自觉追求，"特别有志向，特别爱学习，特别有礼貌，特别守纪律，特别有作为，特别能胜利"已成为宏志生熔铸的精神烙印，"宏志生"已成为品学兼优、德才兼备学子的代名词。

他牢记为党育人使命，不忘为国育才初心。在长期的育人实践中，建涛老师不断提高政治站位，把握育人主动，加强师德修养，生长育人智慧，身体力行弘扬教育家精神，志做"四有"好老师，志做学生"四个引路人"，志做新时代的"大先生"。

建涛老师 2006 年入职郑州 47 中，至今已有 18 年的时间。这本书记录了他以文化人、启智润心的故事和在长期教育实践中的思考。通过一个个生动感人的故事和一段段饱含深情的文字，我们可以更深切地感受到一位优秀班主任对学生和教育事业深挚的情怀和灵动的智慧。

他常说，做自己喜欢的事就幸福，喜欢自己做的事就快乐。他把教育做成了执着一生的信念、感动一生的情怀、寄托一生的梦想、温暖一生的故事。我相信，建涛老师和学生会创造更多温暖的教育故事；我期待，建涛老师和学生能为我们带来更多的教育感动。

叶小耀[①]
2024 年 10 月

[①] 叶小耀，正高级教师、第十一届国家特约教育督导员、教育部首批卓越校长领航工程名校长、郑州市第四十七高级中学党委书记。

目 录

第❶辑
宏图志远开新章

教育诗者	003
把期望融入诗篇	004
世界上最遥远的距离	006
观"迎奥运长跑比赛"有感	008
国宏印记	009
把班训落实到底	014
一场泪湿双眼的班会	016
踏平坎坷成坦道	018
感恩"四园",想念"三一"	019
从深圳到山村	021
这份荣耀你当之无愧	022

第❷辑
系统谋划向前方

新年心语	027
世纪风雨,世纪传奇——谨此献给敬爱伟大的党	030
国宏赋	035
励志教育	036
感恩教育	037
养成教育	038
文化浸润	039
相信相信的力量	040

第 ❸ 辑
守望相依情谊长

人生遐思	043
我爱47中，1314，我爱三班，一生一世	045
提出一个概念	055
组建三个团队	056
落实一份清单	058
举办一次盛会	063

第 ❹ 辑
追求卓越品牌亮

你若懂我	069
十八而思　十八而志——2017届成人礼学生诗朗诵	072
最好的我们——2017届成人礼感言	077
感谢一路有你——2017届成人礼感言	079
三班之荣耀，是付出在微笑——2017届成人礼感言	082
谢谢你，47中——2017届成人礼感言	083
遇见与陪伴	084
沟通与交流	087
谋大与做细	089

第 ❺ 辑
素养导向精神长

十八岁的告白：芝兰玉树邻家女，舒卷泼墨写未来——2020届成人礼学生诗朗诵	093
寄语青春，十八芳华——2020届成人礼上的发言	097
共绘一幅图	099
共唱一首歌	101

共看一部剧　　　　　　　　　　　　　　　　　　　　　　　　103
共读一段文　　　　　　　　　　　　　　　　　　　　　　　　105
复学了，老班却忘了学生姓什么　　　　　　　　　　　　　　106
假如高考是头牛　　　　　　　　　　　　　　　　　　　　　108
老师，我比以前更努力了，成绩反而下滑了　　　　　　　　　111
班级烟火气　　　　　　　　　　　　　　　　　　　　　　　114

第 ❻ 辑
挺膺担当谱华章

说给妈妈的"情话"　　　　　　　　　　　　　　　　　　　117
离歌有尽意难尽，纸短情长路更长——2023届毕业典礼教师诗朗诵　　120
高三，造就属于你的理想城邦　　　　　　　　　　　　　　　123
非常之事必待非常之人，非常之时必待非常之举　　　　　　　127
人生何处无考场？神笔在握做马良　　　　　　　　　　　　　130
70天，成就荣光！　　　　　　　　　　　　　　　　　　　　132
网课，如何让学生从"网游"变"网恋"？　　　　　　　　　136
若相托，永不负　　　　　　　　　　　　　　　　　　　　　138

第 ❼ 辑
我心有声言作桨

躬身入局内化沉淀，赋能成长登高望远——在2021年全国中小学
　　班主任示范培训班上的发言　　　　　　　　　　　　　　143
滴水之思——在2017年6月4日全体教职工大会上的发言　　　145
弘扬践行教育家精神，引领学生高质量发展——在"弘扬践行教育家精神"
　　郑州最美教师巡回报告会上的发言　　　　　　　　　　　148
做最笨的鸟——在国家级宏志班教育教学研讨交流会上的发言　　155

第 8 辑
扎根沃土心向阳

凡为驱动，皆为成长　　161

中年莫学……　　163

指缝间的珍珠　　164

关键事件　　166

话说"人微言轻"　　167

我还是从前那个少年　　169

今天，我想为"自己"点个赞　　171

第 9 辑
学习榜样明方向

学榜样，明方向，蓄力量　　177

涓滴终成海，微笑赢未来——听杨卫平老师"微记录与班主任专业发展"讲座有感　　179

情至真处，静水流深——致敬陕西师范大学赵克礼教授　　180

用心良苦的"老班"　　182

致敬繁振平老师——在繁振平老师光荣退休仪式上的视频发言　　184

伟大的坚守　　186

那一声幽幽的叹息　　188

第 10 辑
但得书趣墨亦香

吾心蒙知幸有文——在教师读书活动上的发言　　193

他乡有"故知"　　195

他乡觅"新知"——参与"燃梦行动"、读书打卡有感　　198

走向兴发教学：智育改革的途径与方法——读《教育哲学》有得　　200

咖啡已飘香，愿饮一杯无？——读《第五项修炼》有得　　203

点燃学生心中的梦想——读《陶行知教育教学理论》有得　　205

第 11 辑
生活思悟关成长

常常想起那棵树	211
如果你手里有一粒石子，你会……	213
念念不忘，必有回响	215
神奇的"太阳花"	217
你们在，就不冷！	220
"问题少年"的蜕变密码	222
用爱与智慧托起明天的太阳	224
教育让生活更美好	226
向着理想的教育迈进——家访有感	228
德育活动"最后一公里"	231
"最后一公里"之后……	233
挺立在属于自己的"土地"上	235
教育也需要供给侧改革	237
参考文献	239
后记	240

第 1 辑

宏图志远开新章

宏志班是国家实施的"西部开发助学工程",是让家庭贫困、品学兼优的学子从家乡走向远方的民心工程。国家级宏志班由中宣部、中央文明办、教育部联合实施,省级宏志班由河南省文明办和河南省教育厅联合实施。郑州市第四十七中学高中部(现为郑州市第四十七高级中学)是河南省宏志生教育品牌学校,开设有国家级和省级宏志班项目。

我于2006年调入郑州市第四十七中学高中部任教,自2006年起,先后担任2009届(首届)国家级宏志班(以下简称"国宏班")、2012届省级宏志班(以下简称"省宏班")、2015届省宏班、2017届省宏班、2020届国宏班、2023届国宏班班主任。本书主要记录我与宏志班的诗与故事,2020届、2023届师生在特殊时期备考,所以多誓言而少诗言。

2009届宏志生是我调入郑州市第四十七中学任教的第一届学生,他们于2006年入校,进入高二后,根据国家政策要求,国宏班开始单独编班(2007年起,我担任首届国宏班班主任)。2009年,首届国宏班学生以优异成绩毕业。"宏图报党恩,志愿为国强"是首届国宏班的铿锵誓言,"特别有志向,特别爱学习,特别有礼貌,特别守纪律,特别有作为,特别能胜利"是首届国宏班熔铸的精神烙印。本辑主要收录我与首届国宏班的诗和故事。

温度是教育的底色和力量。泰戈尔说:"使鹅卵石臻于完美的,不是锤的打击,而是水的载歌载舞。"我把期望融入诗篇,我让情感流淌笔端,2006年,我第一次尝试为每位同学写一首寄语小诗。从2006年到2023年,17年的时间里,诗歌寄语成为我与学生彼此的珍惜。以文化人,春风化雨,我与宏志班的诗和故事,也在精彩继续。

教育诗者

教育是听得到回声的事业。当你用诗意的情怀面对学生时,学生也会以诗意的方式表达对老师的感激。

刘果是首届国宏班语文课代表,本科毕业于中国科学技术大学,是香港城市大学的直博生,荣获"2018 中国十大科技新锐人物"称号,目前,以特任教授、博士生导师身份入职中国科学技术大学。刘果说:"难忘在郑州 47 中学习的那段日子,求学的道路并不是一帆风顺的,每当我感到迷茫困惑的时候,张老师亲切的面孔、熟悉的声音,总是促使我内心生长出温热而笃定的力量,告诉我要谨记'仰望星空、脚踏实地'的校训和'勤学、慎思、明辨、笃行'的学风,告诉我要'知行合一'(当年张老师送给我的寄语)方能有所建树,所以我想用一首藏头诗向张老师致敬。"

下面这首诗就是刘果写给我的藏头诗。

教育诗者张建涛老师

刘果

【教】语教文教哲理
【育】德育才育桃李
【诗】意浪漫多洗礼
【者】也之乎亦神奇
【张】式管理深受益
【建】立知行当合一
【涛】声金句犹历历
【老】班智慧广传递
【师】者仁心感恩您

把期望融入诗篇

朱永新在《我的教育理想》中说:"教育是神圣而崇高的。""教育是育心的事业。""教育需要诗意,需要洋溢着浪漫主义的情怀。"

时间如白驹过隙,转眼到了2006年学期末,看着一个个活泼可爱的学生,我在想:"送点什么给他们当作新年礼物呢?"翻开一本本学生成长手册,我灵机一动,"对,就在班主任寄语上做文章,给大家一个惊喜!"于是50余首诗歌寄语诞生了。下面摘录了部分寄语。

刘　博：立德博学宏图展,志存高远天地宽。征途漫漫风尘卷,雁行天际飞在前。知识能力共看重,似锦前途脚下延。修身治学成大器,笑看人生二百年。(中国人民大学)[①]

成　立：成事本在志坚定,立身应需德才重。天生慧质惹人美,不让须眉争上峰。三年勤苦何所惧,蟾宫折桂谁与同?(北京大学)

李　洋：文静聪慧天生伴,勤学善思好习惯。求学虽苦不怕难,披荆斩棘勇向前。能力知识需同看,竞争社会意识前。狂沙吹尽始到金,海到尽头天作岸。(山东大学)

田　阳：聪明灵动又踏实,集于一身实不易。上苍厚爱加于你,田阳珍惜再珍惜。胸中立下凌云志,求学大道不止息。自信人生二百年,会当击水三千里。(吉林大学)

孙　静：慎言敏行真才女,静以修身志不移。成功自在点点滴,金榜题名当不虚。劳逸结合重身体,知识能力飞比翼。(哈尔滨工业大学)

邵　可：赛场英姿留驻影,知识殿堂拾阶行。高山流水知音在,琴瑟常闻共鸣声。最是邵可细腻处,心有灵犀一点通。胸有大志磐石坚,他日定能笑苍穹。(河南财经政法大学)

刘卓异：卓尔不群有大志,异于寻常勤努力。鲲鹏本在九万里,岂与燕雀试高低?书山有路登不止,学海无涯韧作楫。踏平坎坷成坦道,山登绝顶峰自立。(北京师范大学)

杜佳萱：自律自强杜佳萱,胸中有志在顶峰。坚忍不拔向高处,精益求精勤耘耕。金榜题名不惊诧,一切都在情理中。(北京师范大学)

徐胜男：秀外慧中好胜男,似水柔弱最刚健。求学征途挥汗雨,坚韧不拔创佳绩。自古伟业多艰辛,岂是凡夫相与比。自信人生二百年,会当击水三千里。(宁波大学)

焦壮壮：学如登山必有苦,细品方知苦后甜。壮壮自是不一般,立志就在山峰巅。山登绝

[①] 本篇括号内提到的大学是对应学生所考上的大学。

顶人为峰，海到尽头天作岸。海阔天空任我翔，现实理想紧相连。（华中科技大学）

任　艳：海阔凭鱼跃，天高任雁行。立下鸿鹄志，不与燕雀同。心诚天地宽，清水出芙蓉。锲而不舍之，捷报到门庭。（同济大学）

卢　涵：讷言敏行有内涵，桃李不言人共赞。宝剑锋从磨砺出，梅香须经风霜寒。自古雄才多磨难，我辈岂能视等闲。江山代有才人出，意气风发奔向前。（解放军理工大学）

……

作为老师，曾经为学生写过千篇一律的评语或寄语，很多时候无非是为了完成一项常规工作，在学生的成长手册上留下老师的"墨宝"而已。通项公式般的寄语自然也引不起学生的重视，更难说珍惜。个性化的寄语，饱含了老师对每一个学生的殷殷期待，用诗歌的形式撰写寄语，是一种尝试，也是一种创新，更是师者的用心。看着同学们阅读寄语时的惊喜与激动，我舒心地笑了。事后有家长打电话说："张老师，您写给学生的寄语带给学生的鼓励真是太大了，这个假期孩子好像突然长大了许多。"

世界上最遥远的距离

2007年母亲节这天,学校德育处与我班联合开展了以"感恩"为主题的亲子活动。心理课教师张艳霞设计了一个"摸孩子"亲子互动小游戏。游戏规则是妈妈们戴上眼罩,孩子们随机站成一排,让妈妈们"摸"出哪个是自己孩子,结果无一例外,家长都准确地"摸"出了自己的孩子。其实,每一个孩子的模样都印刻在妈妈的心里。我被现场的氛围感动,有感于平时亲子之间常常有沟通不畅的情况,就模仿泰戈尔的诗即兴作了一首校园版《世界上最遥远的距离》。

世界上最遥远的距离,
不是生与死,
而是有一种爱时刻包围着我们,
我们却浑然不知。

世界上最遥远的距离,
不是有一种爱时刻包围着我们,
我们却浑然不知,
而是我们心中懂得这份爱,
还要故意表现出倔强和固执。

世界上最遥远的距离,
不是我们心中懂得这份爱,
还要故意表现出倔强和固执,
而是我们心灵相通,
却故意筑起一堵厚厚的墙壁。

我要用责任向你发出倡议,
让我们同心协力,
用并不粗糙的手指,
拆除这厚厚的墙壁。
用真情架起沟通的桥梁,

用真爱化成理解的虹霓。
让我们抛开成长中的羞怯，
在心中用最强音说一声：
妈妈，我爱你！

爱的表达要借助有效的形式，爱也不必都深藏在心间。让学生懂得爱要用心来体会、爱要大声说出来的道理，是有必要的。当我声情并茂地读完自己的作品时，我听到了共鸣的掌声，看到了真情的泪滴，我也相信学生会找到向父母表达爱的方程式。

观"迎奥运长跑比赛"有感

2008年,举世瞩目的第二十九届夏季奥林匹克运动会在北京举行,全国各地开展了形式多样的迎奥运活动。为了迎接奥运会的胜利召开,我校举行了"迎奥运长跑比赛",我班同学踊跃报名,奋勇拼搏,在体格不占优势的情况下,全部完成比赛,并取得了团体总分第一名的优异成绩。看着学生挂满汗水写满自豪的脸,我为同学们身上迸发出的顽强拼搏和团结协作的精神所感动,填词一首《水调歌头》作为颁奖词,并充满激情地为大家现场朗诵。

水调歌头

胸有凌云志,征途不畏艰。万米难阻信念,汗水变笑颜。到处柳影弄舞,更有杂花生树,春色满人间。

健儿风采展,共撑一片天。彩旗飘,掌声烈,英姿健。万马战犹酣,辟路勇向前。参与合作共赢,奋进拼搏夺冠,谈笑凯歌还。领跑大时代,山高我为巅!

其实,对学生的奖励方式有多种,或精神,或物质,给学生最及时、不预设的奖励说不定能收到出其不意的效果。

在2008年奥运盛事中,我班同学还荣幸作为奥运圣火传递郑州站的标识员参与奥运志愿服务,这也是他们人生中一次弥足珍贵的经历。

国宏印记

"你们离开后我才明白,有一种奢侈的享受叫心领神会,有一种高级的默契叫心有灵犀……这是一场刻骨铭心的'初恋'……你们走出了老师的目光,牵挂却住进了老师的心里……"

2019年首届国宏班学生回校大合影

2019年6月15日,首届国宏班学生毕业十年荣归母校。作为首届国宏班的班主任,我用诗歌《国宏印记》为同学们倾情讲述十年前他们在母校求学时共同经历的难忘故事和学习生活中的点点滴滴。

国宏印记

时光流转,
岁月不居,
弹指一挥间,
十年过去。
我要伸出双手打开记忆的宝盒,
才发现这个动作是如此的多余,
因为,
承载记忆的宝盒从未关闭。
尽管那时没有留下太多音频、视频和照片,

但是你们的欢声和笑语，
你们意气风发的身影和奋斗的青春印记，
就在身边，就在昨日，
是那么的亲切，是那么的清晰。

你们经历了太多的大事件，
大事件中彰显了你们宝贵的品质。
汶川地震，
你们为生者祈福，
你们向逝者致意，
每一份善款，
都是你们生计之必需。
奥运圣火在五大洲传递，
何其有幸，
躬逢盛事，
郑州接力你们为其标识。
神舟飞天，
国人开启太空之旅，
也启发着你们，
唯有追求不止才能在更广阔的舞台上赢得话语。
长跑比赛，
比拼的是实力，
更是意志和品质，
团体冠军的奖状，
诠释着国宏班荣誉至上、勉励扶持、永不放弃、誓争第一的品质，
做时代的领跑者，
何惧坎坷与荆棘。
你们都倍加珍惜难得的求学机遇，
元旦联欢会上的《求学记》，
看哭了师生，感动了自己，
故事里有我，故事里有你。

学科竞赛，
你们目标明确，自我管理，不舍昼夜，披荆斩棘，
你们过关斩将却又止步省一，
刀砍斧凿璞石为玉，
浴火重生凤凰腾起，
百炼成钢成城众志，
沧海横流更显我国宏底气。

母校感谢你们，
是你们为"宏志班"打下永不褪去的底色，
是你们让"宏志生"成为品学兼优学子的代名词。
特别有志向，
特别爱学习，
特别有礼貌，
特别守纪律，
特别有作为，
特别能胜利。
宏志精神薪火相传，
生生不息。

你们离开后我才深深明白，
有一种奢侈的享受叫心领神会，
有一种高级的默契叫心有灵犀。
曾经很长一段时间，
我把自己关入一个死角，
别人走不进来，
自己也走不出去，
心里腾不出一点空间，
因为，
你们占据了几乎所有的位置。
这是一场刻骨铭心的"初恋"，

留下的全是美好的回忆。
你们走出了老师的目光，
牵挂却住进了老师的心里，
你们展翅高飞，
老师固守在原地。
虽然你们离开了母校，
母校流传的依旧是你们的故事。
你们依旧是这里的主角，
你们是母校的骄傲，
老师的自豪，
学弟学妹心中的传奇。

今天你们星散各地，
时刻践行"宏图报党恩，志远为国强"的铮铮话语，
4D打印，全球首创，
亚洲发明金奖，四项美国专利，
华为海思，打破封锁，
"备胎转正"，不惧美帝，
梦翔蓝天，国人夙愿，
C919大飞机，贡献才智，
道不坐论，德不空谈，
山村支教，让美丽中国更加美丽，
你们已经取得骄人成绩，
你们还要更加努力，
政府部门、科研院所、国防建设、重大科技、经济金融、文化医疗教育，
你们要不负使命，奋进砥砺。

今后，
爱学习的你们要更爱学习，
坚决做到"两个维护"，
坚定"四个自信"，

树牢"四个意识"。
今后的今后,
你们还要牢记,
自己从哪里来,要到哪里去,
在社会中守住自己。
今后的今后,
你们将面对更加多元的问题,
老师希望你们,
工作尽责,家庭尽心,朋友尽力。

我们相约 2029,
下一个十年相聚,
希望你们挈妇(夫)将雏,
聚首 47 中,
给他(她)们讲讲,
这里是你曾经奋战的地方,
这里烙下了你青春的印记。
……

2019 年 6 月 15 日

  从 2006 年入学到 2009 年毕业,首届国宏班学生经历了汶川地震、奥运盛会、神舟飞天,也经历了求学路上的各种挑战和考验。作为我校首届国宏班学生,他们高考成绩优异,也为学校留下了宝贵的宏志精神财富。"特别有志向,特别爱学习,特别有礼貌,特别守纪律,特别有作为,特别能胜利"是宏志生熔铸的精神烙印,"宏图报党恩,志远为国强"已成为历届宏志生的自觉追求,也是他们为学、为事的行动指南。

  我为他们取得的成绩而骄傲,更为他们成为有责任、有担当的合格公民而自豪。他们有的放弃深圳的优渥待遇,选择到云南保山的山村支教;有的作为团队核心成员研发全球首创的 4D 陶瓷打印技术,获得多项美国专利和亚洲发明金奖后,选择回到国内高校继续攀登科研高峰。无论是在国家部委、高等院校、科研院所工作,还是在绿色军营、卫星发射基地、大型央企任职,他们都展示了宏志生良好的道德品质和专业素养。他们把论文写在祖国的大地上,他们让青春在时代中闪耀光芒。

把班训落实到底

首届国宏班走过的是一条充满挑战的艰辛之路，也是一条拼搏探索之路。

国宏班是由中宣部、中央文明办、教育部联合实施的"西部开发助学工程"。家庭贫困、品学兼优是成为宏志生的先决条件。我班学生的家庭经济条件普遍较差、情况复杂，学生心理负担重。其他班级工作重点在纪律，我班工作重点在心理。

一张蓝图绘到底。我班在高二建班之初就确立了"健康第一，快乐学习，人格完美，成绩优异"的班训，并把它作为两年的发展目标。

"健康第一"包括身体健康和心理健康两个方面。苏霍姆林斯基在《帕夫雷什中学》第三章《关注健康与体育》写道："良好的健康状况和充沛旺盛的精力是朝气蓬勃地感知世界、焕发乐观精神、产生战胜一切艰难险阻的意志的最重要的源泉之一。"清华大学原校长蒋南翔提出"为祖国健康工作五十年"的口号，而红色经典电视剧《恰同学少年》中易永畦早逝的剧情让学生痛心不已。大家认识到坚持体育锻炼的重要性和必要性，认识到健康的身体和充沛的精力是学习的保证，认识到积极进行心理疏导、培养学生强大的心灵是成功的坚定基石。经过系统的体育锻炼和心理调适，同学们的体质明显增强，性格变得开朗活泼，学习变得积极主动，用物理老师徐恒勇、生物老师宋海龙的话讲就是"一班的孩子很阳光"。

"快乐学习"是指工作中尽可能淡化功利性色彩，让每个学生在学习中体验收获的快乐、成长的快乐、成功的快乐。我爱成绩，但我更爱健康成长的孩子；我爱成绩，但我更爱教育该有的样子。备考中我做到不转嫁压力，直到高考结束，我没有在班级里给学生讲过一次升学指标的事，尽管我有很长一段时间失眠，但是我班的学生很少出现失眠、考试焦虑等情况。

"人格完美"是要注重学生品格的塑造。人不一定使自己伟大，但一定可以使自己崇高。我班的学生很节俭，在2008年元旦联欢会时，我特意叮嘱学生买一个吊在教室上面的剪纸拉花，但学生回来后却买来了一串小红灯笼，问其原因，说是下一年联欢会还可以用。另一件事是2009年初中部学生向高中宏志班学生赠送了牙膏、香皂等生活用品，分发完毕后还剩了10多份，我问生活班长怎么没发完，他说留一些准备作为元旦晚会的奖品。我班的学生又都很慷慨，2008年汶川大地震，我班捐款3000余元；在为小雷同学（我校一名患白血病的同学）捐款的活动中，又捐款近3000元；高考结束，学生又自发组织捐款3600元为母校捐赠了一座主题为"绽放"的不锈钢雕塑。2009年我班申请到了两个一等贫困生补助名额（每人400元），因为小牛同学家庭特别困难，我们就把他列为其中之一。后来小牛同学坚持把其中的200元交给我,希望帮助其他生活上也有困难的同学。我用这200元买了两套《做人与作文》送给班级。

"成绩优异"是当下评价办学成果的一项显性指标,我在用心用情努力追求教育该有的样子,但是也不回避在追求成绩方面做出的努力,让好的教育成就好的成绩,让好的成绩成全好的教育。首届国宏班用清华大学、中国人民大学、南开大学、上海交通大学、中国科学技术大学、哈尔滨工业大学等名校的通知书对好教育做出了最好的回答。

一场泪湿双眼的班会

为学生编织梦想是每一位老师的责任。高三第一学期,我把工作重点放在放飞学生的梦想上,对学生提出建议:思想要稳定,心态要积极,行动要有效,要有质量地学习,要有质量地生活,要树立正确的世界观、人生观、价值观,要用大视野、大胸怀、大进步规划人生经营未来。

我班高考一百天冲刺动员班会的主题是"非常之事必待非常之人,非常之时必待非常之举"。在当时智能手机还没有普及的情况下,我让每位家长把对孩子的嘱托、期许用短信发送到我的手机上,当时因为联系不够及时,只收到了一部分家长的信息。在班会上我把家长的心声告诉学生,当同学们铿锵的誓言在班级回响的时候,我的心踏实了。

以下为部分家长短信摘录。

宋子恩家长:子恩,离高考只有百天了,在这有限的时间里,取长补短,大量做题,才会熟能生巧。智慧在于勤奋,但是要计划得当,成果才会显著。最后送给你的是:攻城不怕坚,攻书莫畏难,科学有险阻,苦战能过关。子恩,父母知道你学习很苦,记住,唯有今日苦,方有日后甜,爸妈为你骄傲。(宋子恩考入南开大学)

孙峥家长:不管结果如何,只要努力就可。只要心中有目标,并朝着这个目标努力,一定会距离目标越来越近,并最终实现这个目标的!爸妈相信你有这个能力!(孙峥考入武汉大学)

李中洋家长:寒窗苦读十余载,现在是你发挥的时候了,不想说让你考得多么好,只希望你能尽力对得起十余年的学校生活,无愧于老师对你的教育之恩和家人对你的希望。大学也是你的梦想和目标,现在是最后冲刺阶段,希望你一鼓作气为你的理想而努力,加油吧!李中洋,为了自己的目标和家人的希望加油!(李中洋保送西安外国语大学)

刘果家长:宝贵的时间离高考越来越近,爸妈希望你注意好身体,以一个平常的心态把握好时间,坚定信心,朝着你的高考目标冲刺吧!(刘果考入中国科学技术大学)

王晓婉家长:爸爸妈妈对你的期望是,永远快乐健康、美丽向上,面对机遇,挑战自我并战胜自我。只要努力过,一切结果都是美好的,你永远是爸爸妈妈及所有亲人的骄傲。(王晓婉考入华东师范大学)

刘博家长:值此决战高考"百日会战"之际,爸爸妈妈希望你能坚定信心,调整心态,再接再厉,一鼓作气,跑完最后几步,胜利是属于你的!爸爸妈妈相信你,相信你的实力,相信你一定能够实现自己的奋斗目标;爸爸妈妈为你骄傲!让我们共同快乐迎接高考,将

成功进行到底！（刘博考入中国人民大学）

张世杰家长：爸爸妈妈很爱你，你是我们的希望和骄傲，无论何时何地，我们都支持你，相信你。希望你胜不骄、败不馁，始终保持良好精神状态和坚持不懈的进取精神，扎实复习，精细做题，争取以最优异的成绩实现你人生第一个梦想。爸爸妈妈始终在你身后为你加油，孩子向前冲，加油！加油！加油！（张世杰考入哈尔滨工业大学）

谷晓旭家长：老爸平常也忙，没时间关心你的学习生活，但我知道你从小就很懂事，独立自强，乐观开朗，是全家的活宝。快高考了，我知道你心里有数，爸相信你，还有出门在外，要好好照顾自己，平常多给家里打电话，你妈总惦记你。（谷晓旭考入北京交通大学）

任艳家长：孩子，希望你回首过去心中无悔，用一颗最平静的心去拼搏属于自己的理想与未来。请你坚定一个信念：有付出就会有回报。（任艳考入同济大学）

卢帅兵家长：相信自己，超越自己，用平常心笑迎大学的录取通知书。自己要有主见，老师和父母会理解你、支持你。（卢帅兵考入上海交通大学）

蔡行行家长：家长对你充满信心，希望你发挥良好的状态，把知识掌握得更全面、更系统，做好最后的冲刺。（蔡行行考入上海交通大学）

杜佳萱家长：希望在高考冲刺前，你能保持平和的心态、健康的体质、稳定的考试成绩，最终考上理想的大学。父母是你坚强的后盾，我们相信你是最棒的。（杜佳萱考入北京师范大学）

李洋家长：希望李洋学习态度积极上进，不怕吃苦，对自己要充满信心，相信自己一定行。（李洋考入山东大学）

刘伟家长：临近高考，希望你保持平和的心态，不骄不躁，并希望你保护好自己的眼睛，注意劳逸结合。相信你一定会用优异的成绩报答老师。（刘伟考入中山大学）

王鑫家长：高考是你人生中第一次激烈竞争，在最后冲刺阶段，只要你坚定信心，迎难而上，就能实现自己人生的理想。（王鑫考入华南理工大学）

彭雷朕家长：父母希望你勇敢面对这一次挑战，克服一切困难，不要给自己太大压力，用平和的心态面对高考。（彭雷朕考入东北大学）

杨亚丽家长：爸爸永远支持你，你是最棒的，希望你能考上理想中的大学。孩子，加油吧！（杨亚丽考入中国农业大学）

……

那一场班会，是在同学、老师眼含热泪中进行的；那一场班会，是在家校彼此牵挂中进行的；那一场班会，是在感恩与励志中进行的。

最后，那一场班会，是在大家齐唱《恰同学少年》主题曲中结尾的，"书翻千秋史，谈尽古今愁……名和利，莫问候。书并剑，到心头。挥毫万山红，举臂托飞舟……"

踏平坎坷成坦道

首届国宏班在高考备考过程中，经历了两次重大挑战：一次是全国中学生生物学奥林匹克竞赛，一次是北京大学自主招生考试。在生物学奥赛中，几名同学以毫厘之差与省赛一等奖擦肩而过；而在自主招生考试中，刘博同样以毫厘之差与北大擦肩而过。那一段时间，对学生对老师都是极大的考验。特别是在备考生物学奥赛的过程中，他们投入了两个多月的时间进行封闭学习。在教练的指导下，他们凭借出色的自主学习能力和强大的自我约束能力完成了大学《植物学》《动物学》等教材的学习，并且在初赛中取得了十分优异的成绩。复赛中，除蔡行行一人获得一等奖外，其余同学遗憾获得二等奖，而此时，距离高考的时间已经非常近了。复赛结束后，学生的情绪很低落，那时看到他们就像看到一件非常珍贵但出现细微裂纹的青花瓷，任何急躁或过重的语气都会让他们碎掉，我选择了与他们一起默默承受，伴随他们一起走过这段艰难的路。我对他们提出可以调整复习策略和战术，但绝对不能动摇目标的建议。最后一次谈话，我对他们说："天塌地陷，对你们的看法不变，你们仍然是最优秀最有实力的选手。"最终他们走出了失败的阴影，找回了自我。"特别有志向，特别爱学习，特别有礼貌，特别守纪律，特别有作为，特别能胜利"的誓言再次回荡在教室。

首届国宏班的学生理科强文科弱，特别是一部分男生。当我告诉他们书写很重要时，他们都在努力地改变。高考前第三天，高汉清、熊晓滨、谷晓旭几位同学还在练字，看到这一幕，我就知道，今年高考成了。后来，这几个孩子分别考入中国科学技术大学、同济大学、北京交通大学。

首届国宏班在2009年高考中取得了骄人的成绩，一大批同学圆梦清华大学、中国人民大学、上海交通大学、中国科学技术大学等名校，其中清华大学、中国人民大学、南开大学、北京师范大学、国防科技大学、武汉大学、中山大学、西北工业大学、中国农业大学、华东师范大学、电子科技大学各录取1人，中国科技大学录取2人，上海交通大学录取2人，同济大学录取2人，华南理工大学录取2人，哈尔滨工业大学录取3人，山东大学录取3人……

感恩"四园",想念"三一"①

泰戈尔说:"把自己活成一束光,因为你不知道谁会借着你的光走出了黑暗;请保持心中的善良,因为你不知道谁会借着你的善良走出了绝望;请保持心中的信仰,因为你不知道谁会借着你的信仰走出了迷茫。"

2009年教师节到了,考入中山大学的刘伟发短信说:"两年的风雨兼程,感谢有您引领着我们走过。是您把无私的爱给予了我们,让'三一'成为一个温暖的家;是您告诫我们优秀是一种习惯,鞭策我们追求卓越永不止步;是您用心血与汗水换来同学们蟾宫折桂的荣耀。老师,请允许您的学生用这最普通、最深情的话表达对您的感激,老师,谢谢您。"

考入北京师范大学的杜佳萱在短信中说:"三年来,点点滴滴,历历在目。有太多的话想要告诉您,可到了嘴边,又咽下去,只怪自己不争气。当我刚从初中迈入高中时,真的只是一个不懂事的孩子。但因为家庭的原因,我必须要用成绩来支撑。而您,就是在我刚想明白这些事的时候,成为高一七班的班主任。是您,用自己高贵的心灵,以身作则,为我们树起人生的标杆,让我把责任铭记心间,将高一七班的'神话'进行到底,也让我第一次对一个集体充满了永不减退的热情,更让我第一次真正把老师当成亲人——父亲来看待。高二,我一边庆幸自己又分到您的班里,一边又下决心好好干,不让您失望。可事总是与愿违,我曾一度怀疑自己的能力,我选择低头,因为我深知抬头需要实力。经历了高二的沉默之后,高三的我决心全力以赴,开始的胜利让我看到成功的希望,可二模、三模却毫不留情把我推入谷底……在距高考一个月时,您在我那张106分的语文卷上批了'坚定信心'四个大字。其实,我以为您也许早对我失望了,而那四个字,却又一次给我鼓励,多亏有您的相信,让我坚持到底。在那黑暗的煎熬、矛盾、痛苦中,那四个字给了我无穷的力量。古训有云:'一日为师,终身为父。'而您对我的恩情,我很清楚有多重。把我看到的一段话送给我一生最敬爱的老师:'传道是润物无声的细雨,授业是红烛点亮的黎明,教诲是心血凝成的甘露,叮咛是思想敲击的风铃,批评是责任托起的彩虹,怒斥是关爱变奏的雷鸣,呵护是含芳带露的春雨,引领是漫漫长夜的神灯。'"

---

① "三一",这里指高三一班。

首届国宏班敬赠感恩牌匾

2009届的孩子很懂得感恩,他们离开母校之际,还为母校捐赠了一座雕塑——《绽放》。2019年6月15日,在首届国宏班毕业十年之际,他们从四面八方齐聚母校,感恩老师,感恩母校,并向学校敬赠感恩牌匾:"霜雪之洁励其品,岱宗之高崇其志,潭壑之深勉其学,大地之博厚其德。"

作为老师,我们要把自己活成一束光,把学生的前路照亮。

从深圳到山村

壮壮是首届国宏班学生，从华中科技大学毕业后，入职深圳一家著名通信公司做工程师，两年后他从公司辞职，参加"美丽中国"的公益支教项目，到云南保山九条沟小学做志愿者。从深圳到山村，从工程师到支教老师，壮壮的选择是出乎很多人意料的。他说，道不坐论，德不空谈，自己是宏志生项目的受益者，现在是用实际行动回报社会的时候了。下面是壮壮给我回信的部分内容。

关于支教。最喜欢一个故事——小鱼的故事。"海水退潮后，大量的鱼被搁浅在海滩上。有一个小男孩见状，开始拾起鱼一条一条地往海里扔。一个路过的人不理解：'这么多鱼，你救得过来吗？没人会在乎。'小男孩一边救鱼一边回答说：'这条鱼在乎！'"最喜欢一个人——卢安克。他是一个德国人，旅行中国时，看到中国乡村教育资源不足，就留在了中国，面对着因国籍原因产生的各种各样的手续困难，面对着语言的障碍和生活习惯的差异，他坚持着，做着自己认为对的事情。关于教育公平和乡村教育的问题，最该采取行动的是我们这些从农村出来的学生，因为这里是我们的根和源。饮水思源，我想让乡村教育变得更好，让中国教育更公平，让所有中国孩子，无论出身，都能获得同等的优质教育。

他在信中说："愿理想主义的火焰永不熄灭，愿每个青年都能活成自己想要的模样，愿所有人都能'在认清生活的真相后依然热爱生活'，愿我们都能在20多岁的年纪，做一件80岁时想起来还会微笑的事。"

读完壮壮的回信，我的心久久不能平静。他的内心独白足以震撼许多相知和不相知的人。"理想""追求""责任""行动""改变"这些关键词在这里都能找到真实的注脚，他纯粹的信念、极度平静而澄澈的内心和由衷微笑的模样让我词穷了，我窘迫，该用什么样的语言和表述来评价壮壮老师呢？我能做的是向他——我的学生——壮壮老师表达敬意。

我找到了当年曾经写给壮壮的期末寄语。

学如登山必有苦，细品方知苦后甜。壮壮自是不一般，立志就在山峰巅。山登绝顶人为峰，海到尽头天作岸。海阔天空任我翔，现实理想紧相连。

如今的壮壮在云南成了家，立了业，致敬壮壮，祝福壮壮。

这份荣耀你当之无愧

挺立峰巅，这份荣耀，你当之无愧！

"张老师，学生带着刚出炉的高清版报道向您报喜来啦！"香港城市大学博士后研究员刘果转来了一篇新闻报道——《一篇顶刊配四项美国专利，吕坚团队全球首创陶瓷4D打印！》。大学毕业5年就取得如此骄人的成绩，着实让人激动，后续的关注和了解更加深了我作为老师的自豪感。

刘果作为第一作者，与吕坚团队共同在Science Advances（《科学进展》）发表论文，介绍团队成功研制的新型"陶瓷墨水"和全球首创的陶瓷4D打印技术。陶瓷4D打印技术有望应用在航空发动机、生物医疗、3C电子产品、首饰及艺术装饰品、防弹军事装备、太空探索和高温微机电系统等领域中。该技术已申请四项美国专利和一项中国专利。

该技术还获得了香港创新科技及制造业联合总会设立的2018年"亚洲国际创新发明大奖"（金奖）和"创新四维打印发明大奖"（杰出大奖），以及第二十届中国国际高新技术成果交易会的"优秀产品奖"。

该成果被New Scientist（《新科学家》）（2018年8月17日）、《人民日报》（2018年8月19日头版和8月21日海外版）、《参考消息》（2018年8月19日）、《科技日报》（2018年8月21日头版）、新华社（2018年8月25日）和美国联合通讯社（2018年10月20日）等媒体报道。

全球首创的意义非比寻常，一个刚刚读完博士的年轻小伙取得如此高的成就，这份荣耀，你当之无愧！

挑战自我，这份荣耀，你当之无愧！

在论文发表在Science Advances杂志上后，刘果发了一条朋友圈："一篇顶刊、两年投稿、三次送审、四位作者、五项专利、六人审稿……"

云淡风轻的描述背后是反复论证、反复实验、字字斟酌。冰心说："成功的花，人们只惊羡她现时的明艳！然而当初她的芽儿，浸透了奋斗的泪泉，洒遍了牺牲的血雨。"

下面这件事或许能透露出一名优秀科研工作者必备的素质。一次，刘果的朋友圈发了香港登山协会给他颁发的会员证，图片的旁边配了这样一段话："怕高，然后考了攀岩；怕水，然后学了蝶泳；怕糗，然后跳了华尔兹……"

每一次面对困难和挑战，刘果不是选择知难而退，而是选择迎难而上，超越自我。

迎难而上，挑战自我，这份荣耀，你当之无愧！

坚守底线，这份荣耀，你当之无愧！

2018年12月，在中国科学协会的支持和指导下，知社学术圈联合诸多合作单位，隆重推出"2018中国十大新锐科技人物"评选活动。虽然说是民间发起的科技奖项，但是因为其评选标准严格、公信力强受到学术界的高度关注。从2015年举办第一届以来，已有近三分之一的获奖者荣获国家杰出青年基金、入选教育部长江学者。

2018年12月3日至12月7日，是第一阶段线上投票，入围前16强才有资格进入专家评审阶段。高手如林，群星璀璨，看看候选人的简介就足以让人咋舌，大部分候选人都是毕业或供职于"985"和世界名校的教授、博士生导师，丰厚的人脉资源和强大的影响力可见一斑。

八仙过海各显神通，各位候选人都充分发动亲友团拉票。在投票结束前的几个小时，我和刘果进行了短暂的交流，刘果表示尽管很看重这份荣誉，但是绝不投机取巧，我们拉票不刷票，守住道德底线。刘果的一句话让我感动了好久："学生宁愿输，也不愿不干净地赢。"

在追名逐誉的当下，谁不希望缩短成名成家的时间？谁不希望驶入名满天下的快车道？在面对名誉诱惑时，刘果坚守了本心。我为自己的学生面对荣誉的道德坚守点赞。刘果最终顺利入围，并荣获"2018十大新锐科技人物"称号。

君子重誉，取之有道。坚守底线，这份荣耀，你当之无愧！

第 2 辑
系统谋划向前方

班主任的哲学就是攀登的哲学，辟路永向前，登攀！再登攀！2012届，我担任省宏二班班主任，同时任教国宏一班语文课。这一届，我在班级建设中注重师生沟通和班级文化建设，运用系统思维进行班级谋划。我较为满意的是做到了"三年下好一盘棋"，深入开展了励志教育、感恩教育、养成教育，在励志教育中仿照清华大学"新百年计划"开展"领军计划""拔尖计划""自强计划"，收到了良好的育人效果。

　　2012届，我们系统谋划再出发。

新年心语

"老师您好，隔着窗子听到您在二班发脾气了，真的很心疼老师。您还记得小提琴的制作过程吗？经岁月洗礼、风干、静默、修炼，之后终成大器。我们都懂得您把爱化作严厉这样的方程式，您不要太操心了，也不要太累了，我们两个班都会争气的，大家不会让您失望的。请老师不要不开心啦，哈哈，笑起来会比较帅气！这是所有您的学生想跟您说的话，静心，宽心，还有开心。"这是隔壁国宏一班学生给我的留言。

2012年，我任省宏二班班主任。元旦前一天晚上，因为迎新联欢会等事宜，教室里显得有些躁动不安，当时我大发雷霆，觉得马上就要高考了，作为高三的学生怎么这么沉不住气？我内心期待的学生状态是像训练有素的士兵一样敢打必胜，团结协作，严肃紧张。当时因为声音大，把隔壁一班的同学也给吓着了。现在想来真是后悔，这通火发得不近情理，也不合时宜。一是忽略了学生的年龄阶段，毕竟他们还是孩子；二是忽略了特殊情境，元旦即将到来。那一晚，我处在一种失眠的状态，有千言万语想对学生说，第二天一早到办公室写下了这首《新年心语》，用诗歌这种特殊的形式表达期望，也用这种特殊的形式向学生表达歉意。

新年心语

今天，
是个辞旧迎新的日子，
有些心里话，
也想说与在座的你。
也许你理解的老班，
就是整天板着脸的老师，
平日里，
更多的是要求，
甚至是呵斥，
那是因为，
你们心中更多的是对美好未来的憧憬，
老师看到更多的是严峻的现实。
我还知道，

在高考的大道上，
除了天道酬勤，
没有奇迹。

你们眼中的老师，
也有自己的孩子，
你们父母的嘱托，
老师都记在心里，
爱你们，
就如爱自己的孩子。
只不过，
把爱化为严厉，
是你们看不懂的方程式。
你可知道，
放松的一分钟，
突破的是底线，
迷失的是自己。
你应该有体会，
总以为思考得很理性，
做事时却由感性在支持。

老师多么希望，
你们都明白这些道理，
只有投入无穷大，
还有滴水穿磐石，
结果的范围里才有成功的取值。

作为老师，
在新的一年里，
还有些期许，
那就是你们懂得更多的道理，学会做事，

更期待，
有一种进步的力量，
来自自己，
更期待，
有一个越来越大的群体，
成为班级核心力量的增长极。

让我们共同期许，
2012 年的 6 月，
所有的人都把笑容挂在脸上，
所有的人都在自豪地谈着过去。

2012 年元旦

世纪风雨，世纪传奇

——谨此献给敬爱伟大的党①

王倩②

评语： 历史永难忘却，党史写满诗意。挚爱藏于心头，情感流露笔底。作者用唯物主义的历史观呈现过去：客观、真实、清晰。作者用集体主义的价值观表露心迹：感动、理性、真挚。求索一世纪，风雨写传奇。党在我心中，不离永不弃；党在我心中，薪火永传递。正是有着对党的崇高信仰，才有跟党走的坚定决心；正是有着对党的深厚感情，才有发自肺腑的赞美之歌。（张建涛）

那一年，
天灾人祸吞噬着中华大地，
生灵涂炭，颠沛流离，
祖国母亲，
内忧外患，满目疮痍。
于是，
你迎着七月的彩虹，
在厚重的历史上写下新的传奇。
你决意，
要把破碎的河山重新拾起，
那南湖上悠然荡漾的一叶扁舟，
让中国凤凰涅槃，翻天覆地！
忘不了你，1921 的你。

那一年，
倭寇的铁蹄践踏在膏腴的黑土地，

---

① 本文获河南省教育厅"纪念建党 90 周年"征文大赛一等奖，2021 年建党百年之际有修改。
② 王倩，2012 届国宏班学生，本书作者张建涛的语文课代表。

抗日的号角早已吹响在每个中华儿女的心里，
当政者一味地屈服，
拱手相让我丰饶的土地。
你听见了，
那是母亲的哭泣。
我的东三省，
我的姐妹兄弟。
于是，
你用小草的肩膀承担起树的责任，
搞游击，炸碉堡，断供给，打伏击，
你在行动，你在抗日！
哪里有压迫，
哪里就有你稚嫩却坚实的足迹。
忘不了你，1931 的你。

当皖南的枪声打破黎明的沉寂，
千千万万新四军铁血男儿如何安息？
何等心痛！何等悲凄！
北伐的炮火还在轰鸣，
"四一二"的硝烟还未消弭，
你又遭此重击，
鲜血使你觉醒，
政权自主是当务之急，
于是，
你含泪包扎流血的臂膀，
咬紧牙关，自强自立，坚持到底，
忘不了你呀，
1941 的你。

解放军号角一响，
西藏和平解放，
把一盏青稞酒，

品一壶酥油茶,
西藏人民献上洁白的哈达,
青藏高原盛开格桑花。
这是新民主主义的胜利,
这是民族团结的胜利,
更是新中国的胜利!
忘不了你,
1951的你。

那一年,
你还年轻,
又那么心急,
"大跃进"的风吹得中国头重脚轻,
幸而你认清了方向,调整及时:
"调整、巩固、充实、提高",
八字真言,声声在耳,
在探索中思考,
在思考中坚毅,
忘不了你,
1961的你。

历史总是在曲折中前进,
有些往事不忍提起,
百姓用生命读秒,
渴望重逢一个崭新的你,
忘不了你,
1971的你。

来了,
你来了,
带着发展的信念,
迈着坚定的步履,
改革开放的鼓点密集如雨,

求真务实在这里指挥着新生活的南北东西，
东方雄狮昂然崛起，
那个受伤的冬天，
正在温暖中痊愈，
忘不了你，
1981 的你。

南海边微风荡漾，
你把深邃目光投向更邈远的天际，
点动成线，线动成面，
改革的春风吹绿神州大地，
蓄势待发，鲲鹏之志，
扶摇直上九万里，
忘不了你，
1991 的你。

那一年，
你用实力在 WTO 争得一席之地，
你用承诺赢得扛起五环旗的荣誉。
当萨马兰奇向全世界宣告，
中国——China！
十三亿中华儿女为你自豪，
世界也瞩目于你，
忘不了你，
2001 的你。

不忘初心，使命牢记，
"四个全面""五位一体"，
今天，
你已走过一个世纪，
一百年呀，
风雨征程，永葆活力。
我带着共产主义的虔诚信念来看你，

来看你的天，
来看你的地，
看为中华复兴不辞劳苦的你，
看为人类命运共同体殚精竭虑的你，
看在科学发展大道上昂首阔步的你，
我们都是你的预备役，
时刻准备接过时代的火炬，
把它传递，传递……
生生不息！
祖国啊！
我爱你！
党啊！
我爱你！

国宏赋

2012 届国宏班高考一本上线率 100%，班级高考平均分超一本分数线 73 分。时任郑州市教育局局长毛杰评价："省内首屈一指，绝无仅有。"毕业之际，国宏班的学生勒石感恩，是有此赋。

国宏赋

商都之夷，天河之旁，中原名校，于此序庠。宏图党恩，志远国强，宏志之生，吮露浴光。立德博学，健体成长，诗书满腹，才艺压芳。手足情深，难比同窗，父严母慈，恩师难忘。草木枯荣，春秋共度，点滴心中，历历在目。赛场英姿，飒爽无比，拔河神力，地动山移，红歌嘹亮，青云之志，胸怀天下，笃行公益。全员一本铸神奇，名校之门开次第。激情挥洒创奇迹，天道酬勤王者师。

愿母校：发展春风花开独秀，桃李压枝果献九州。

2024 年高考前夕，2012 届国宏班班长史红亮在群聊里发起了为 2024 届高三学弟学妹送祝福的活动，在参与活动的 43 名同学中，已有 11 名同学获得博士学位、3 名同学博士在读。

我和 2012 届国宏班班主任宋海龙老师为同学们对母校的牵挂而感动，为同学们取得的成绩而骄傲。

励志教育

美好的未来需要规划，精彩的人生需要经营。我对2012届学生在不同阶段进行了生涯规划指导，高一召开大型主题班会"经营未来"，高二召开主题班会"高二第一课"，高三召开主题班会"高三第一课"，组织学生收看具有深刻思想性和艺术性的红色经典电视剧，如《恰同学少年》，让学生放飞梦想。每个学生都是羽翼待丰的幼鸟，而老师就是为幼鸟补足营养、输送力量、丰满羽翼的人！

班主任的哲学就是攀登的哲学，辟路永向前，登攀！再登攀！"激情成就梦想，拼搏创造辉煌"是我传达给每一届学生的核心理念。激荡人心的2012届百日誓师大会留给师生的不仅是热血沸腾，更是自励自强超越自我的宣言。当时我班参照清华大学"新百年计划"实施"领军计划""拔尖计划""自强计划"，将全班分成三个合作团队，三个团队各有宣言，今天重温那些宣言仍然让人激动和感动。

领军团队宣言

站在新起点，迎接新挑战，创造新成绩。十分信心，十分努力，十分成功。纵然路有荆棘，途有坎坷，我们也会勇往直前。即使太行拥雪，蜀道峰连，我们也会挺立峰巅。闻鸡起舞成就劲旅师，天道酬勤再现王者风。勃发斗志，无畏无惧。成就梦想，超越自己！

拔尖团队宣言

我们将足迹印在泥泞之上，经受的磨砺是我们的勋章；我们将汗水洒在希望之上，充实的生活是我们的保障；我们将目光投向远方，六月登顶，一试锋芒。低头，不代表我们认输，沉默，也不是我们在彷徨。春寒已退，长夏将至，为了心中的梦想，为了父母的期望，拔尖团队，积蓄，绽放！

自强团队宣言

让我们用实力去创造人生的辉煌。在路上，梦未圆；在梦里，路狭然。奋桨扬帆，只求无憾；纷繁世界，唯有信念。

梦醒时分，不要让泪水浸湿双眼，应让微笑弥漫心间，不在乎前方的路有多么坎坷，只要踏实走好每一步，六月定会花开，我就是我的主宰！

感恩教育

感恩是一个人美好心灵的起点，懂得了感恩，就懂得了生活的真谛；懂得了感恩，也就找到了幸福的入口。

2012年秋季开学典礼，我做了以"感恩"为主题的发言，寄语学生常怀感恩之心，感父母养育之恩，感学校培养之恩，感社会包容之恩。学生懂得感恩，我们的教育才会赢得家长的认可和社会的赞誉，家长和学生才会坚信自己选对了学校，我们的"爱校荣校"才不会停留在口头上。

感恩教育需要情景，需要发自肺腑的真声音。2012届距高考60天时，我班组织了"同心圆梦，见证成功"的主题班会。班会上先组织家长和学生收看《梦想合唱团》中脑瘫患儿小龙与妈妈的故事，感人的故事已让家长和学生泪光盈盈，接下来学生的一曲声情并茂的合唱《父亲》，让家长忘记了矜持，学生放下了难为情，情感的闸门完全打开了……

"总是向你索取却不曾说谢谢你，直到长大以后才懂得你不容易……时光时光慢些吧，不要再让你变老了，我愿用我一切换你岁月长留，一生要强的爸爸，我能为你做些什么？微不足道的关心收下吧。谢谢你做的一切，双手撑起我们的家，总是竭尽所有把最好的给我，我是你的骄傲吗？还在为我而担心吗？你牵挂的孩子啊，长大啦……"

我们班好几位家长是大学老师，其中一位老师说："看到孩子们能在这样的环境中进步成长，真的好幸福，也好羡慕。"还记得一位在青海工作的家长，在参加过班级第一次家长会后，之后每次家长会都不远千里按时参加。

北京四中原校长刘长铭说，北京四中的育人目标就是要培养精神的贵族。我想，要成为精神的贵族，就从学会感恩开始吧。

2012届学生敬赠"厚德育人"牌匾

在2022年中秋佳节来临之际，2012届部分同学于毕业十年之际聚首母校，向学校领导和老师汇报学业事业发展情况，并用"厚德育人"的牌匾向母校表达感恩之情。

养成教育

叶圣陶说:"教育就是培养习惯。"

我班把落实常规作为培养学生良好习惯的重要途径,在充分征求学生意见的基础上明确了相关规范,制定了课堂常规、纪律常规、卫生常规、寝室常规、集会常规。以擦黑板为例,值日生要做到一擦两抹,先用黑板擦把黑板擦干净,再用洗干净的毛巾把黑板抹两遍。我们借助收看《世纪之约》《我是特种兵》等优秀影视作品统一思想,提高认识,让"守纪当模范,学习做标兵"的理念深入每个学生心里。

我们每天早上的入班时间是6:45,同学们一直坚持得很好。关于高效课堂,我提出坚持"三环节":课前有准备,课堂有参与,课后有巩固。同学们是认同的,也是积极配合的。我们班人数虽然多,但是课堂气氛活跃,不沉闷。2012届高三年级的课间操,排面整齐、步调一致、口号响亮、士气高昂。午后的红歌,高亢嘹亮,荡气回肠。

"三大团队"和"小组建设"是我在2012届的尝试,当时我任教的国宏一班和省宏二班按照自由组合、优势互补的原则组建若干学习小组,各个小组有自己的组名、目标和考核机制,同时制定有相应处罚和退出机制。每个小组都由一到两名组长负责,组长负责选题、印题、讲题,还需要定期检查组员的作业完成情况,有时还要负责组员的思想工作。学习小组的建立,如一缕轻风吹皱了一池春水,班里的学习风气大为不同。高二下学期期末全市调研考试中,国宏一班语文一本上线才29人,但是高考实现一本上线48人,语文平均分120.125分,高出全省平均分21分。学习小组的成果再次让我坚信,学生在学习中的养成教育和同伴互助是多么重要,学生的潜能是多么巨大,教师角色的转换是多么必要。蔡元培说:"教育是帮助被教育的人,给他们能发展自己的能力……"当学校成为学习服务中心之时,当学生成为成长主体之时,就是教育大面积丰收之日。

把常规的东西做好了,也是一种创新。下大力气,做小事情,上高境界。一个人在那里站十分钟,是站着;站一天,是行为艺术;站一年,站十年,就成了一座雕塑,一座丰碑。这就是养成的力量。优秀是一种习惯,习惯在于养成。欲成大事贵坚持,滴水也能穿磐石。

文化浸润

在 2012 届高三第一次模拟考试时我做了一次发言，其中谈道："文化的软实力可以转化为班级竞争的硬实力。班级建设要重视内容，也要重视形式，我们要提高学习竞争力，也要注重班级文化建设。文化可以内化为意志品质，文化可以外化为综合实力。"这一提法和学校的思路不谋而合。基于班级实际情况和学生特点，我们所采取的班级文化建设四部曲是：氛围营造，思想开路，活动内化，品格熔铸。

氛围营造树风尚。班级文化建设需要舆论氛围：标语、班歌、条幅、黑板报、主题班会等都是有效的形式。我们班在不同时间节点根据工作需要及时更换标语，用"激情成就梦想，拼搏创造辉煌""我运动，我健康；我守纪，我荣光；我学习，我成长""非常之事必待非常之人，非常之时必待非常之举""争分夺秒，决战高考；蟾宫折桂，舍我其谁"等标语营造舆论氛围。由《咱们工人有力量》改编的班歌《咱们二班有力量》极大增强了同学们的集体荣誉感。

思想开路助蜕变。利用信息化资源，组织学生收看《恰同学少年》《世纪之约》《感动中国》等优秀影视作品、节目，观影后及时组织学生写观后感或召开班会，提炼学生的感言作为班级宝贵的精神财富，以解决学生思想认识问题。学生总结出了许多金句："每个人心中都要树起一面旗帜""低头不是放弃，而是为了厚积薄发""愚者总是看从前，智者总是向前走""执着是前进的桨，效率是加速的帆""一个伟大的人有两颗心。一颗心滴血，一颗心宽容。滴血之心为自己而存，宽容之心为他人而生""害怕改变，你的人生将会是一潭死水，迎接挑战，你才能飞向更辽阔的天空"。

活动内化铸品格。班级通过会操比赛、运动会、成人礼、百日誓师等活动实现班级文化的内化。我班课间操做到了排面整齐、步调一致、口号响亮、士气高昂；拔河比赛前，我让学生在黑板上写下"关键在决心"激励斗志；我们开展每周一次励志耐力长跑，男生 8 圈、女生 6 圈，学生跑出了斗志、跑出了自信。在积极的文化氛围中，规范、坚韧、乐观、向上的班级品格熔铸成型，班级的战斗力得到加强。

学生的素养要在兴趣中养成，在活动中发展，在交流中体验，在文化中熏陶，在评价中提高。文化可以内化为意志品质，也可以外化为竞争硬实力。做好班级文化建设，就是为学生的发展做好了保障；做好了班级文化建设，就会为学生提供终生难忘的教育。

相信相信的力量

想飞上天，和太阳肩并肩
世界等着我去改变
想做的梦
从不怕别人看见
在这里我都能实现
……
我相信自由自在
我相信希望
我相信伸手就能碰到天

《我相信》是火爆 2012 届高三每个班级的一首歌。这首歌启发我们：相信是一股十分强大的力量。

当我们试图发现学生的优点和潜能的时候，每一名学生都会变成可以塑造、值得期待的优秀学生。刚上高二时，我发现有 3 名同学在周六晚上到宝龙广场上网，经过批评教育和耐心细致的工作，他们发生了非常大的变化。高考结束，有 2 名同学如愿考上上海的一本院校，其中小王同学本科毕业后又考取了北京大学的硕士。

全国著名教育家、小学特级教师霍懋征教育学生的八字方针就是"激励、赏识、参与、期待"。相信学生，学生就会朝着老师期待的方向改变。罗森塔尔效应带给我们的启发就是：赞美、信任和期待具有一种能量，它能改变人的行为。当一个人获得另一个人的信任、赞美时，他会感觉到社会的支持，这会增强他的自我价值感，使他变得更加自信、自尊，进而激发他积极向上的动力；为了不辜负这份期待，他会努力达成对方的期望，以保持这种社会支持的连续。

给每个学生一个组织，给每个学生一种归属感。高三开学的第一天，我班召开"高三第一课"主题班会，班会明确指出，进入高三后我们将组建三个团队："领军团队""拔尖团队""自强团队"。当时班级 69 人，按照 27∶27∶15 的比例划分。平时分层开会，侧重点有所不同。"领军团队"重点讲要求、提升层次，"拔尖团队""自强团队"重点是给鼓励，给信心。从实力上讲当时不是每个同学都具备冲击名校和一本院校的实力，我们组建的目的是在预期未来。高考结束后，一大批同学成功考入一本院校，证明了这个决策的正确性。

第 3 辑

守望相依情谊长

1314，
不过是普通的数字，
一生一世，
是赋予她最新的含义。
因为三班这个集体，
我们要守望相助一辈子，
……

让三班成为我们一生中，
永恒的话题，
让三班成为我们一生中，
最温暖的回忆。
我爱三班，
1314，
我爱你们，
一生一世。
——《我爱47中，1314，我爱三班，一生一世》节选

2015届，我担任省宏三班的班主任。在这一届的班级建设方面，我班进行了许多有益的尝试，通过"提出一个概念""落实一份清单""组建三个团队""举办一场盛会"等措施，师生、家校一起凝神聚力把学校和班级打造成今生守望相依的交集。这是让人难以忘怀的一届，特别是在家校共建方面取得了丰硕的成果。我提出"教育成功合伙人"的概念，家长成为老师的朋友、亲人、战友、助手，时至今日，常常感动，时时忆起。

2015届，暖暖的三班，暖暖的回忆。

人生遐思

教授完人教版高中教材短文三篇《热爱生命》《人是一根能思想的苇草》《信条》之后，我想到了学者许衡的故事。

《元史》载，学者许衡外出时，因天气炎热，口渴难忍。路边正好有棵梨树，行人都去摘梨止渴。惟许衡不为所动。有人问："你为何不摘梨呢？"许衡道："不是自己的梨，岂能乱摘？"那人笑他迂腐："世道如此纷乱，它已没有主人了。"许衡说："梨虽无主，但我心有主。"

故事虽短，发人深思。坚守自己的人生信仰，守住儿时就懂的"金规矩"，让自己做一个热爱生命、思想富有的人，才不会在物欲横流的社会中迷失自己，才能守住自己纯洁清澈的心灵。

下面这首诗，就是我关于"信仰"的人生遐思。

人生遐思
——仿《面朝大海，春暖花开》

从今天起，
做一个有信仰的人，
公平、负责，尊重规律。
从今天起，
关心生活、做人和做事。
我有一份期冀：规矩为金，心有奇迹。

从今天起，
做一个有思想的人，
尊贵、伟大，提升品质。
从今天起，
勤于实践，乐于反思，
我有一份期冀：渺小脆弱，随风而去。

从今天起，
做一个有激情的人，

品尝、称颂，享受乐趣。
从今天起，
热爱生命，逝者如斯。
我有一份期冀：岁月如歌，激昂旋律。

从今天起，
和每一个人通话，
告诉他们我的幸福，
那幸福的闪电告诉我的，
我将告诉每一个人。

给每一个日子每一个人送上温暖的祝福，
年轻人，
我为你祝福，
愿你有一个灿烂的前程，
愿你的思想富有无比，
愿你的信仰坚如磐石，
愿你的激情澎湃不息，
我有一份期冀：完美人生，知行合一。

2013 年 5 月 28 日

我爱47中，1314，我爱三班，一生一世

2015年6月9日，在全校毕业典礼之后，2015届省宏三班召开了以"郑州47中，我们今生守望相依的交集"为主题的家校联谊会。在长达4个小时的活动中，这首由老师、家长、学生共同朗诵的2000余字的长诗回顾了3年来班级学习、生活的点点滴滴。3年的风雨晨昏中，家校、师生密切协作，目标一致，群策群力，创造了一个又一个家校共建的经典案例，感人至深，永难忘记。

第一部分（老师朗诵）

还记得新组班的第一个晚自习，
同学们都带着羞怯介绍自己，
脚步轻轻，
话语细细，
许多同学都说：
"分到了三班，真是好运气！"
老师从大家的话语中听出了肯定，
听出了期许，
肩上也感到了无形的压力。
我说："遇到你们，才是老师的好福气！"

时光如水，
逝者如斯，
当新奇淡化，
矜持褪去，
一些质疑或许已经潜滋暗长在你的心里，
传说中的三班，
盛名难副，
不过如此。

三班孕育着行动的变革、思想的洗礼，
我相信，

《我是特种兵》带给你的，
不仅仅是心灵的感动、视觉的刺激，
还有善于思考的大脑、强大耐受力的心脏和拒绝借口的执行力。
三班正在蜕变！
三班正在崛起！
嘹亮的校歌中，
我们张开梦想的翅膀，
龙腾虎跃的赛场，
展示着我们飒爽的英姿，
广播操的比赛，
我们节奏一致，青春靓丽，
班级量化，
我们领跑年级，
月考、中考①，
我们过关斩将，披荆斩棘。

这时的你，
有了小骄傲，
还有小窃喜，
思想的麻痹，
带来的是思想的出格、
纪律的松弛，
父母的期盼、老师的叮嘱，
还有你曾经的许诺，
都淹没在年轻的喧嚣里。
受不了一点约束，
听不进一点建议，
将自我无限放大，
把任性张扬到极致，
甚至有时，

---

① 中考，指期中考试。

父子紧张，母女僵持。
老师不愿看到这样的局面，
老师不愿听到家长无助的叹息。

当然，
老师更不愿看到，
简单的问题也会成为顽疾。
长大后你会明白，
手机，其实就是一个工具，
绝不应该成为成长道路上的绊脚石，
人，更不应该当手机的奴隶。
还有男生、女生这个绕不开的话题，
做聪明的选择，
做智慧的自己，
因为，
早摘的果实都是苦涩的。

爱因斯坦说："人的差别就在业余。"
弯道超车，积蓄实力，
谨孝悌，知礼仪，
作息规律，充实有序。
万马奔腾，成城众志，
骐骥一跃，不能十步，
驽马十驾，至遥千里，
绳锯木断，水滴石穿，
笃定志向，贵在坚持。

谢家之宝树，庭中发华姿，
自能求发展，切问而近思①，
孟氏做芳邻，师长齐努力，

---

① "切问近思，自能发展"是郑州市第四十七高级中学的办学理念。

天时、人和、地利，
还有六月之息，
大鹏一日同风起，
扶摇直上九万里。

1314，
不过是普通的数字，
一生一世，
是赋予她最新的含义。
因为三班这个集体，
我们要守望相助一辈子，
你我携手同心，凝神聚力
把三班打造成：
一个团结向上的集体，
一个拼搏进取的集体，
一个全面发展的集体，
一个充满活力的集体。

让三班成为我们一生中，
永恒的话题，
让三班成为我们一生中，
最温暖的回忆。
我爱三班，
1314，
我爱你们，
一生一世。

第二部分（家长朗诵）

还记得第一次把你送到学校里，
叮咛千言，
嘱咐万语，
学习、生活、吃饭、穿衣，

事无巨细。

那时的你，
正对周围的一切充满好奇，
心不在焉，
目光游离，
或许你未能懂得大人的心思，
爸妈不在身边，
家里的"小皇帝"，
一切都要学会自己打理，
别怪爸妈唠叨，
因为在我们心里，
你不过是一个稚气未脱的孩子。

电话连着思念，
牵挂连着彼此，
"爸，妈，放心吧，我没事！"
电话挂断，
若有所失。
孩子会不会在敷衍？
或者有什么掩饰？
握着手中的票根，
再次来到47中，
悦耳铃声，作息规律，
内务整理，井然有序，
活动多样，有张有弛，
乐业爱生，教师群体，
答疑解惑，甘为人梯，
关心思想，指导学习，
行老师之责，尽父母之力，
心中多了一份宽慰，

更多了一份感激。

三年的时光,
悄然流去,
学校发展,日新月异,
全国文明单位、首批特色学校、教书育人先进集体,
还有享誉中原的宏志生品牌和国际理解教育,
还有,
今天的你们,
仰望星空,脚踏实地,
德能双修,知书明礼,
发展全面,德智美体,
阳光、青春、活力,
就是你们的代名词!
当年我们心中的期待,
就是你们今天这个样子!

1314,
不过是普通的数字,
数字化为情感,
倾注在三班,
数字化为心力,
付出在47中,
年复一年,
日复一日。
数字有时也无奈,
因为它无法计算出三年来,
老师付出的风雨晨昏、点点滴滴,
你们把孩子当作学生,
你们更把学生当作自己的孩子,
你们是智慧的父母,

你们是有爱的老师。

感恩47中,
现代、多元、包容、大气,
感恩三班,
团结、文明、拼搏、进取,
感恩老师,
多才、有爱、智慧、尽职,
我爱47中,
1314,
我爱三班,
一生一世。

第三部分（学生朗诵）

还记得报到的那一天,
心怀忐忑踏进47中,
带着憧憬,带着好奇,
心里想象着,
老师的模样,
班级的样子。
想象没有过渡期,
军训成为必须面对的现实,
收拾行囊,
开赴新密。
暴雨不期而至,
成了我们高中第一课的洗礼。
烈日晒黑了我们的皮肤,
也坚定了我们的意志。
最快乐的时光就在训练的间隙,
新结识的小伙伴,
个个多才多艺,
会操表演,

我们士气高昂，步调一致，
高中第一课让我明白最朴实的道理：
收获靠付出，
强大靠集体。

新学期的生活，
让我们有点措手不及，
九门功课，
还有音美体育，
快节奏的授课，
还有每天的必刷题，
困惑，畏惧，逃避，
还有想家的思绪，
让离开父母的我们，
手足无措，暗暗着急。
班会的召开，
解开了谜底，
高中初中的课程设置有区别，
学习方式要变异，
课堂学习重参与，
轻重缓急排次序，
自主、合作和探究，
师生互动重练习。
焦虑的心终于有了底气，
宿舍里恢复了欢声笑语。
时光如水，
岁月飞逝，
感动于化学老师的慈爱认真，
敬佩于老班的运筹帷幄，决胜千里，
喜欢生物老师的生动有趣，
有时还能蹭点小零食，

享受着英语老师的柔声细语、缜密心思，
自豪于物理老师的严谨与细致，
骄傲于数学老师的锦囊妙计。

备考之路，
泥泞崎岖，
众志成城，
披荆斩棘。
《我是特种兵》增强了班级的执行力，
《恰同学少年》，
让我辈担当，肩负天下，书生豪气，
运动赛场，
摘金夺银，看我健儿英姿。
红歌赛场，
深情绽放，赢得掌声四起。
卫生、纪律、生活、学习，
张弛有度，平稳有序。
三班标准，无与伦比，
呵护荣誉，群策群力。
业精于勤，功成于细，
天道酬勤，矢志不移，
班级量化，领跑年级，
"三大计划"①，坚定实施，
成功清单，逐项落实，
班级梦想，成在今日。

青葱岁月，花样年纪，
平安大道，郑东新区，
中原名校，成长47中，
今生守望，不离不弃，

---

① "三大计划"是2015届在班级开展的"快马计划""骏马计划""黑马计划"。

三班福地，人才济济，
天涯若比，今生相依。
我爱 47 中，
1314，
我爱三班，
一生一世。

2015 年 6 月 9 日

提出一个概念

2015届，受电影《中国合伙人》启发，我在家长会上提出了"教育成功合伙人"的概念，提出要打造最强成功战队，组建"教育成功合伙人"。学生、家长、老师要做到"三位一体"、目标一致、分工明确、优势组合、守土有责、相互尊重、密切协作、理解包容、家校共赢。

老师要做学生发展最优方案的制定者、落实方案的推动者、优化方案的改进者。

学生要做学生发展方案的坚定执行者、集体荣誉的坚强捍卫者，确保主线明晰、集中精力、措施有效、进步明显。

家长要做学生思想、生活、情感的保障者，学校荣誉的坚定支持者、维护者，责任重大，使命光荣。优秀的班级背后是优秀的家长团队。

与有梦想的人合作，与愿意投入的人合作，与志同道合的人合作。梦想要用汗水浇灌，成功要用坚持实现，持久的投入和付出会让笑话变神话。

2015届，省宏三班的家校群名字是"985·211助威团"，我做了一次成就感满满的"团长"。家长充满温情和感激的话语为我做好教育工作提供了源源不断的强大动力。

"只因你的青春曾经路过，47中在俺心中无比美好！三班张Sir[①]，感谢！"

"为孩子就读47中而骄傲！为孩子进入三班来点赞！为孩子遇到细心关怀的张老师而感恩！祝福张老师！"

"如果你家孩子今年上高中，我推荐47中，如果说哪个班，我推荐三班，事实比我更有说服力。"

"挺想念的，张班头，想起你和孩子们的日日夜夜，心里有点发酸，说实在的，你给他们的太多了。"

"'985·211'不能沉寂，要活跃，要有激情，要振奋，不但为孩子们，也为我们。"

2015年6月9日家长自发组织了一场以"郑州47中，今生我们守望相依的交集"为主题的家校联谊会。学生高中毕业后，家长还在关注学校的发展。2017年，张建涛名班主任工作室成立，部分家长从四面八方赶到学校祝贺。2019年，该届学生有的已经入职，有的考研、保研继续深造，家长再次聚首孩子母校，叙友情，谈未来。

---

① 张Sir，平日家长对张建涛老师的称呼，意同"张老师"，表示尊敬。

组建三个团队

智慧染绿光荣树，汗水浇开幸福花。郑州47中2015届省宏三班志存高远、团结协作、奋勇争先，用激情成就梦想，用汗水铸就辉煌，全体师生紧紧围绕"提质增量，刷新一本"的奋斗目标，众志成城、决战决胜，取得优异成绩。

黄金战队：以班主任为核心的教师黄金战队，分工合作，密切配合，精诚团结，决战决胜。化学学科特级教师、国家级骨干教师杨长风主任在备、讲、批、辅、考每一个环节都做得扎实有效。数学老师许少立、物理老师叶培成严谨的教风、丰富的经验为三班高考取胜提供了强大保证。英语老师贾淑芳、生物老师赵凤芳既传授知识，也关注学生思想。

"黄金战队"合影

2015年4月16日，赵凤芳老师在一条朋友圈里这样写道："从早上8点来到单位到现在，除了吃一顿别人帮买回来的午餐外，就一直忙碌着，只喝了杯水，连水果的影子也没看到，现在脑子里除了学生什么也没有……"

贾淑芳老师也曾在朋友圈发文，她说："今天是老妈生日，因为工作，没法去祝寿。昨天晚上跟她视频，没等我说话，她第一句就是：'明天你别来了，周日也别来了，等过了一个月学生高考完了毕业了，你们再来吧！学生不容易……啥生日啊，只要你们有孝心，过不过生日，过不过母亲节又能咋样？……'然后，老公说，想吃老太太蒸的包子了，老妈说：'先去饭店买着吃吧，再过一个月天天给你们蒸包子！……'老妈一向先人后己，识大体，顾大局！有这样的母亲，她的女儿也错不了！谨记老妈教诲，和亲爱的学生一起决胜高考！其实，天下父母都一样，始终把子女的事业放在第一位，把自己的需要深藏在心底，祝福他们。""很骄傲，我是这里一分子，能和这些可爱的少年朝夕相处2年时光。很幸运，能和这个神一样的亦师亦友的班主任合作5年1500多天。祝福棒棒的三班人人圆梦。"

优秀团结的教师团队是三班战无不胜的强大保障，因为他们，三班取得了一个又一个胜利，创造了一个又一个辉煌。

家长团队：为学生提供强大的后勤保障、情感保障、思想保障。2015届，我在家校合作途径方面进行了探索，提出"教育成功合伙人"概念，一方面加强对家长的引导，另一方面让家长参与到班级事务和备考进程中，让他们做知情者、参与者，成为班主任的亲人、朋友、战友、助手。2015年6月9日，我班全体学生和家长在学校举办了以"郑州47中，今生我们守望相依的交集"为主题的家校联谊会。

学生团队：学生目标明确、措施得力、推进有序。红歌比赛、运动会、考试、志愿活动，省宏三班全体同学心往一处想、劲往一处使，创造了一个又一个辉煌成绩，结下了深厚的情谊。

宋如雪同学说："初见的拘谨，相处的自然，相知的默契，离别的悲伤。三年真的很短，短到不足以再拥抱你一次；三年真的很长，长到让我们彼此熟悉、知无不言。要分别了，真的要分别了。我亲爱的朋友，再见！再见！愿你们永远笑靥如花，愿你们永远单纯如雪。敬爱的老师，再见，多么幸运，在47中成长的日子有您相伴！愿您桃李满天下！敬爱的母校，再见，愿您这棵大树，根深叶茂，柱擎蓝天！安好珍重。"

孙一珂同学说："即将离开记录我们的痛与泪、乐与笑的大四十七；即将离开与我们并肩作战、携手向前的姐妹和兄弟……春秋代序，岁月难逆，我们无法回到过去，唯愿吾大四十七壮哉名哉，唯愿吾师健哉乐哉，唯愿吾辈梦哉行哉。"

这一届，全体教师精诚协作、无私奉献、科学指导，全体家长密切配合、民主和谐、保障有力，全体同学方向明确、步履坚定、敢打敢胜，做到了备考科学扎实、考试发挥稳定、报考严谨合理，再次刷新我校省宏班高考记录，学生发展达到了新的高度。

落实一份清单

教育要发挥积极因素，消除消极因素。2015届我尝试落实高考成功清单，目的在于引导学生进行目标管理、过程管理、自主管理，事实证明了落实成功清单的良好效果。清单从学习能力、身体健康、心理健康、行为习惯、意志品质等方面进行自我测评、自我矫正，每一个方面分若干测评指标来进行。成功清单充分发挥德育中的积极因素，相信和引导学生发扬优点、克服缺点。从表一中负面清单所占比重较大，逐步过渡到正面清单所占比重较大，直至表四中负面清单被完全消除。

班级里有一位小吕同学，他的目标是考取同济大学，在每次填写成功清单时，他都会把自己的名字写成"吕同济"。

附高考成功清单。

成功清单过程测控（一）

精彩的人生需要规划，美好的未来需要经营。心仪大学绿色通道门票材料清单：知识完备、能力突出、心理强大、身体健康、习惯良好、意志坚定。"木桶理论"告诉我们补足短板才能增加容量。

心中有梦，奠基行动，走向成功从落实好正负面清单开始。

我心仪的大学：　　　　　　　　　　我的阶段目标：

成功清单	负面清单	正面清单
知识清单	薄弱学科	优势学科
能力清单 （自主、合作、探究、审题、解析、运算、规范、效率、表述）		
身体清单 （身体健康、生活规律、积极锻炼、精力充沛、注意力集中）		
心理清单 （积极、主动、乐观、信心、坚强、悦纳）		
习惯清单 （计划性、规律性、执行力、反思）		
品质清单 （坚定、顽强、抗挫折、敢拼敢冲）		

梦想照进现实，行动成就人生。我的优化措施：

_____

_____

_____

_____

_____

当惜寸阴于今朝自古天道酬勤，莫留遗憾到明天从来百炼成钢。

成功清单过程测控（二）

我心仪的大学：　　　　　　　　　　我的阶段目标：

成功清单	负面清单	正面清单
知识清单		
能力清单		
身体清单		
心理清单		
习惯清单		
品质清单		

梦想照进现实，行动成就人生。我的优化措施：

_____

_____

_____

_____

_____

当惜寸阴于今朝自古天道酬勤，莫留遗憾到明天从来百炼成钢。

成功清单过程测控（三）

我心仪的大学：　　　　　　　　我的阶段目标：

成功清单	负面清单 （白璧微瑕）	正面清单
知识清单		
能力清单		
身体清单		
心理清单		
习惯清单		
品质清单		

梦想照进现实，行动成就人生。我的优化措施：
_____
_____
_____
_____
_____

这个宇宙中有一个角落是你一定可以改变的，那就是你自己。

成功清单过程测控（四）

我心仪的大学：　　　　　　　　　　我的阶段目标：

成功清单	正面清单
知识清单	
能力清单	
身体清单	
心理清单	
习惯清单	
品质清单	

最初的梦想，永远的疯狂。在走向成功的路上我做到了：

_____
_____
_____
_____
_____
_____
_____

高考，就是高高兴兴去考试。

举办一次盛会

2015届高三三班家校联谊会现场

  2015年6月9日，对于三班所有师生、家长而言都是一个终生难忘的日子。这天，在全校毕业典礼结束后，我班召开了以"郑州47中，今生守望相依的交集"为主题的家校联谊会。历时4个小时的盛会至今仍历历在目，包括召开主题班会、进行"撕名牌"游戏、尽情放歌、举行盛大的冷餐会等环节，每一个环节都令人记忆犹新。其中，老师、家长、学生共同朗诵的长诗《我爱47中，1314；我爱三班，一生一世》仍在耳边回响，曾培轩爸爸哽咽动情的发言让人难忘。

联谊会现场的游戏环节

下面是曾培轩爸爸的发言。

放飞心灵的梦想

尊敬的学校领导，尊敬的张建涛老师，尊敬的高三三班各位任课老师：

大家下午好。

在这个特别的日子里，有机会站在这里直抒胸臆，倍感荣幸。同时，我发现再好的言辞都很难表达我对学校以及对各位老师的感激之情……

Who knows the words—"I have a dream"? Please raise your hands.（知道"我有一个梦想"这句话的人，请举起你的手。）

回想当初培轩怀揣梦想进入 47 中。宁静的校园、优雅的环境却难抚我们的忐忑与不安。青春年少，懵懂少年。璞玉能否成器？我们对学校充满了殷殷的期望……

尊敬的老师们，三年过去了，一千多个日日夜夜，你们为了孩子操碎了心，而在你们的精心雕琢之下，璞玉逐渐显露出温润的光泽……

三班的家长会是最让人难忘的。每一次的家长会，从素材选择到过程安排，无不让我们感受到班主任老师用心之深、用情之真。忘不了孩子们合唱的《父亲》那首歌，当我听到"我是你的骄傲吗？还在为我而担心吗？你牵挂的孩子啊，长大了……"时，我这个大男人一下子忍不住热泪盈眶……在那一瞬间，我真的真的衷心地感谢您，尊敬的张老师！从您的眼神里，我看到的是对孩子们的赏识，我能真切地感受到您是那么地爱他们……每次开完家长会回来，我都会热血沸腾很久，把孩子交给您，我们放心！

孩子正值青春期，这是性格和品行发展最关键的时期。而由于常年住校，孩子和家长接触时间很少，我时常会担心他是否会"跑偏"。随着时间的推移，我们欣喜地发现孩子身上逐渐展现出了许多优良品质。他在家时抢着帮妈妈干活，关心奶奶的身体，越来越乐于助人。培轩是男孩子，我在他身上看到了男孩子应有的宽容与豁达、开朗和坚韧。而时不时从他嘴里冒出来的话是"我们张老师说……"，我知道，那是孩子在有意无意地模仿他崇拜的榜样……

尊敬的张老师，非常庆幸我们的孩子能进入 47 中，更庆幸他们能遇到您以及年级团队的各位老师。这不仅仅因为三班总是在省宏班里独占鳌头，也因为同学们的蓬勃灿然。我们的孩子能成为你们的学生，孩子为之自豪，家长为之欣慰！

在此，我谨向在座的各位老师们献上最诚挚的敬意和深深的感谢！

孩子们，三年的高中让你们感受了成长的痛苦和快乐，这苦和乐的三年是难忘的三年，刚刚过去的高考也是你们人生中不可缺少的一次考验，无论成绩如何，严酷的高考都是良好的催化剂，帮助你们化茧成蝶！在这里，请允许我向顺利完成高中学业的同学表示热烈的祝贺！

　　孩子们，雏鹰即将张开翅膀，飞到更高更远的地方，飞到下一个梦想所在的地方，远离母校的老师，远离牵挂的父母，甚至会远赴重洋。同学们，作为家长我希望你们拥有清醒的头脑、智慧的思想，把握正确的人生方向；希望你们拥有承载责任的勇气和担当；希望你们拥有宽容和感恩的心，让你们的世界更加美好，让你们的天地更加宽广。

　　孩子们，我们把天底下最最美好的祝福送给你们！让我们一起，放飞心灵的梦想！三班的小宝贝们，我们爱你们！

　　谢谢大家！

第 4 辑
追求卓越品牌亮

每届做一个整体规划,每届做一项德育探究。2009届重点做好学生心理疏导,2012届注重励志教育、感恩教育、养成教育,2015届成功开展家校合作,2017届重点做好多元主题德育。"追求卓越打造精神特区,忘我拼搏铸就省宏品牌"是2017届的班级建设目标;"高三三班,志在云天,团结协作,奋勇争先"是我们的班级口号;"打造强势班委,细化过程管理,强化限时训练,加强家校沟通,营造浓厚氛围"是我班采取的具体措施;"精心谋划,倾力投入,极致表达,完美绽放,深度发掘,持续发力"是我们的工作心得。高三一年中14期定期更新的黑板报见证着三班奋斗的足迹,那一场盛大的成人礼深深铭刻在每个人的记忆里。

2017届,一样的三班,不一样的精彩。

你若懂我

2016年元旦来临之际,我被网络上流传的一首诗《你不懂我,我不怪你》吸引,喜欢这首诗的结构,喜欢这首诗的表达,有感于教育中的若干热点话题,草就一首《你若懂我》作为新年礼物送给2017届省宏三班的孩子们。

每个人,
都有一段特殊的经历,
疯狂的年龄,
任性的自己。
我把最坦诚的忠告说给你,
你不懂我,
我不怪你。

每个人,
都有一个理解的迷惑期,
学会了仰望星空,
忘记了脚踏实地。
我把功成于细的道理告诉你,
你不懂我,
我不怪你。

每个人,
都有一个情感的懵懂期,
天长地久,
山盟海誓,
爱意味着责任,
亲情才是它的终极。
这些道理我都曾告诉你,
你不懂我,
我不怪你。

每件事,
都有自身的规律,
教育需要关爱,
也需要管理。
我把爱与严厉的变奏曲演奏给你,
你不懂我,
我不怪你。

每个人,
都有一个追梦故事,
用心,用情,用力,
努力到感动自己。
我把最炽热的情怀藏在那里,
你不懂我,
我不怪你。

每个人,
都有一个坚守,
我的坚守,
就是坚守教育的理想,
做有未来的教育,
无论现在,
还是过去,
尽职尽责,
尽心尽力,
你不懂我,
我不怪你。

每个人,
都有一个死角,
别人闯不进来,

自己也走不出去。
我把最深沉的秘密透露给你,
你不懂我,
我不怪你。

社会是个大课堂,
现实是严厉的导师,
我们结伴而行,
走过雾霾,
走过冷雨,
走过艳阳,
走过明丽,
你不懂我,
我不怪你,
你若懂我,
这个教育的童话该有多么美丽。

2016年元旦

十八而思　十八而志

——2017届成人礼学生诗朗诵

2017届省宏三班成人礼现场

2017届省宏三班有许许多多难忘的经历，如果说最难忘，莫过于这场盛大的成人礼。我班在成人礼上承担诗歌朗诵任务，从诗歌创作、主持人遴选、服装选定、数次彩排到最后的极致表达、完美绽放，感动了全场，更感动了我们自己，以至于在担任下一届国宏一班班主任的挺长一段时间里，我一开口就是"咱们三班"，惹得一班的孩子好生嫉妒三班的学长学姐。

十八而思（感恩父母篇）

从呱呱坠地到咿呀学语，
从蹒跚学步到模仿好奇，
十八年，
风雨晨昏，
点点滴滴，
年复一年，
日复一日。
还记得，
有一次送我上医院，
您手足无措，

紧张焦急,
那时的我并不懂得,
儿女的每一点不舒服,
父母都看在眼里,
疼在心里。

还记得,
第一次把我送到学校里,
您叮咛千般,
嘱咐万语,
学习、生活、吃饭、穿衣,
事无巨细,
因为在你们心里,
我不过是一个稚气未脱的孩子。

您为我遮风,
您为我挡雨,
可有时,
我却让您伤心生气,
曾经看到您失望的眼神,
曾经听到您无助的叹息,
我把您的期盼,
还有自己曾经的许诺,
都淹没在年轻的喧嚣里。
受不了一点约束,
听不进一点建议,
将自我无限放大,
把任性张扬到极致,
甚至有时,
父子紧张,母女僵持。
您更不愿看到,

简单的问题成为顽疾，
长大后我才明白，
手机，
其实就是一个工具，
绝不应该成为进步的绊脚石，
人，更不应当做手机的奴隶。
还有男生、女生这个绕不开的话题，
做聪明的选择，
做智慧的自己，
因为，
早摘的果实都是苦涩的。

十八岁，
最想对您说的是歉意，
十八岁，
最想对您说的是感激。
（男）爸
（女）妈
（男合）爸
（女合）妈
（合）对不起
（男）爸
（女）妈
（男合）爸
（女合）妈
（合）我们爱你

十八而思（感恩学校篇）

备考之路，泥泞崎岖，
众志成城，披荆斩棘，
我辈担当，书生豪气。
运动赛场，

摘金夺银，看我健儿英姿。
红歌赛场，
深情绽放，赢得掌声四起。
卫生、纪律、生活、学习，
张弛有度，平稳有序。
47中标准，无与伦比，
呵护荣誉，群策群力，
业精于勤，功成于细，
天道酬勤，矢志不移，
成功清单，逐项落实，
放飞梦想，计日程功，
青葱岁月，花样年纪，
平安大道，郑东新区，
中原名校，成长47中，
今生守望，不离不弃，
名校福地，人才济济，
天涯若比，今生相依。

感恩47中，
现代、多元、包容、大气，
感恩班级，
团结、文明、拼搏、进取，
感恩老师，
多才、有爱、智慧、尽职，
我爱47中，1314。
我爱班级，一生一世。

十八而志（自立自强篇）

十八岁，
我们仰望星空，脚踏实地，
德能双修，知书明礼，
全面发展，德智美体，

阳光、青春、活力,
就是我们的代名词。

爱因斯坦说:"人的差别就在业余。"
弯道超车,积蓄实力,
谨孝悌,知礼仪,
作息规律,充实有序,
万马奔腾,成城众志,
骐骥一跃,不能十步,
驽马十驾,致遥千里,
绳锯木断,水滴石穿,
笃定志向,贵在坚持。

谢家之宝树,庭中发华姿,
自能求发展,切问而近思,
孟氏做芳邻,师生齐努力,
天时、人和、地利,
还有六月之息,
大鹏一日同风起,
扶摇直上九万里。
十八岁,
我们不再任性,选择理智;
十八岁,
我们不再迷茫,选择清晰;
十八岁,
我们不再动摇,选择坚毅;
十八岁,
我们不忘初心,拼搏进取!

最好的我们

——2017届成人礼感言

2017届省宏三班　徐静

十八年的时光，
最美的时光，
十八岁的我们，
是最好的自己。
谁在懵懂之时遥想未来？
谁在垂暮之年将青春追忆？
幸而，
遇到了最好的你们，
在最美的时光里。

你们教我吃饭，教我穿衣，
教我学习，教我明理，
即使我说出的话不尽懂事，
即使我做出的事不尽合理，
你们给予我的，
只有谆谆教导和无法言说的爱意，
幸而，
在十八年的时光里，
我一直与最好的你们在一起。

课上严密的逻辑，课下幽默的话语，
你们对我的真情、爱护、教育，
我将馈以尊敬、崇拜、感激，
师曰："每一件值得做的事都值得做好。"
师曰："学习就要静得下心，沉得住气。"

师曰:"选择自己想要的生活就是学习的意义。"
师曰:"坚持下去就是胜利。"
你们给予我的教育,
使我终生珍惜,
你们传授我的道理,
使我终生获益,
幸而,
在十八岁的年华里,
我一直与最好的你们在一起。

每一次嬉笑,每一次帮助,
每一次安慰,每一次鼓励,
都见证了我们纯真的友谊,
在十八岁,在高三,
我们互相竞争,互相加油,
互相监督,互相鼓气,
夜晚不灭的灯光,
见证了我们的"战友"情谊,
幸而,
在十八岁的青春里,
我一直与最好的你们在一起。

十八而思,十八而志,十八而立,
再没有一段生命如此多彩多姿,
再没有一段感情纯净如斯,
再没有一段激情澎湃如此,
再没有一段生活这样充实有序,
这时的我们是最好的我们,
这里的自己是最幸福的自己,
幸而,
最好的我们相遇在最美的时光里。

感谢一路有你

——2017届成人礼感言

2017届省宏三班 　陈春雨

我的十八岁,因为你们而美丽。因为你们,我才不会孤单,才会成为更好的自己。那些和我一起哭过、笑过、吵过、闹过,却始终不离不弃在我身边相伴相随、给我拥抱和温暖的我爱的人和爱我的人,十八年风雨,一辈子的将来,感谢一路有你。

爸,妈,
我的十八岁因为你们而美丽。
感谢一路上有你们,
正是因为你们,
我才可以领略和体会这个世界的美丽,
正是因为你们,
我才拥有拥抱和完善这个世界的权利。
是你们,
给予我第一份关心与呵护,
是你们,
给予了我无限的爱,
也是你们,
给予了我爱与被爱的权利,
也是你们,
给予了我爱与被爱的勇气,
一辈子的将来,
我们也要在一起,
一路相伴相依。

恩师,

我的十八岁因您而美丽，
感谢一路有您，
正是因为您，
我领悟到了中华文化的博大精深，
正是因为您，
我体会到了数字图形的多彩与有趣，
正是因为您，
我懂得了世间万物的构成与转化关系，
正是因为您，
我明白了生命活动的精确与有序。
是您，
带我走进知识的圣殿，
是您，
携我遨游学问的海洋，
也是您，
让我变得聪明智慧、知书明理，
一辈子的将来，
我们也要在一起，
一路学习受益。

挚友，
我的十八岁因你而美丽。
感谢一路有你，
正是因为你，
学校日子紧张忙碌又充满乐趣，
正是因为你，
假期时光漫长悠闲又精彩不已，
正是因为你，
思想纠结时有人帮我分析。
是你，
与我一同"疯"，

是你，
与我一同"闹"，
也是你，
与我齐心协力，拼搏，奋斗，进取。
一辈子的将来，
我们也要一直在一起，
不离不弃。

那些爱我的和我爱的人啊！
正是因为你们，
失败的泪水有人会为我轻拭而去，
正是因为你们，
成功的时刻有人可以一同分享欢喜，
正是因为你们，
迷失的前路，
有人将路标高高挂起，
正是因为你们，
本该孤独的人生才如此精彩、有趣，
正是因为你们……

十八年时光，
十八年风雨，
感谢一路有你。
一辈子的将来，
将来的一辈子，
感谢一路有你。
一路有你，
快乐就在随时随地，
感谢一路有你。

三班之荣耀，是付出在微笑

——2017届成人礼感言

2017届省宏三班 胡振怡

仿佛在电影节走红地毯，数不尽的摄像头聚焦着这群花仙子般的孩子，他们挽着父母的胳膊，如梦如幻般进入了成人礼的会场。

这帮孩子盛装出席，目光里满是欣喜与坚毅。他们不仅要接受"加冠"，还肩负重任，代表上千名学生合诵一首青春献诗，表达对父母的感恩，立下青春誓言。

这是一场史无前例的视听盛宴，领诵者端庄大气、风度翩翩；合诵者整齐划一、沉稳优雅。站罢，乐声缓缓奏响，朗诵者进入了状态，带着对过往的回忆，开启了对父母的深情告白。那声"爸"，使父子间的隔阂涣然冰释；那声"妈"，让母女间的僵持得到和解。孩子们收到了热烈的掌声，孩子们得到了父母的肯定！随着激昂乐曲的切换，朗诵进入感恩学校篇。这是每个孩子声音汇聚的时刻，"张弛有度，平稳有序，'四园'建设，日新月异……"每一股清流都饱满而富有激情。那一片花海处处洋溢着朝气！掌声再起，清脆激昂。最后，孩子们立下奋斗誓言："仰望星空，脚踏实地。德能双修，知书明理。不忘初心，拼搏进取！"掌声经久不息，成功在此汇聚，这是孩子们的荣耀时刻，那些孩子们正是三班的我们！

国歌震撼会场，礼炮响彻天际，青春献诗必将铭刻在每个人的心里。这不是传奇，也不是神话，而是老班及同学们精心谋划、倾力投入而造就的极致表达与完美绽放。我们是神话传奇的缔造者，我们更是踏实勤奋的接班人。没有追求和付出，何来成功与繁华？经不住一遍又一遍的重来，怎能承受得住家长、领导、老师给予的王冠之重？三班的荣耀，是付出在微笑！

与此同时，我们又是何等的幸运，拥有这样追求完美的老班，获得在47中这个大舞台施展自我的机会，在聚光灯的映照下，在上千家长面前深情表达我们的感恩与志向。47中也是欣慰的，她欣赏着，见证着莘莘学子由稚嫩走向成熟，由任性走向理智，由迷茫走向清晰，由动摇走向坚毅！

谢谢你，47 中

——2017 届成人礼感言

2017 届省宏三班　张睿

我们不想后悔，所以全力以赴；我们拒绝平庸，所以做到了极致。——题记

"十八而思，十八而志……"当悠扬而坚定的声音伴着轻柔的音乐响起时，我知道，这一刻来了。站在舞台上，站在灯光下，那些纠结，那些坚持，那些紧张，全部都有了回报。我想，任何礼物都代替不了这次朗诵带给我们的感动。舞台上的我们，在那一刻，都成了最美好、最优秀的自己。

2016 年 12 月 3 日，在这个特殊的日子里，我们点燃了十八响青春的礼炮，叩开了未来殿堂的大门。那一天，我们向世界宣告："我们，长大了！"作为第一个表演节目的班级，我们承担着拉开成人礼序幕的重任。当我们提起裙摆、整理西服走向舞台时，我们的步伐沉稳，内心却十分紧张；当我们站定在镁光灯下，直起头颅，挺起脊梁时，我们暗暗蓄力，准备爆发出力量。当我们高声齐诵，仿佛要用尽全身力气时，我们在心底为自己喝彩，为自己鼓掌。成人礼上，我们让自己看到了："我，原来可以这样棒。"

那一刻，除了自信，另一种感情也随着坚定的声音从心释放，那便是感谢。这份感谢要给父母：是你们含辛茹苦十八年育我们成长，我们今后用一生为你们赢得荣光；你们曾是我们最坚实的后盾，从今天起我们成为你们的臂膀。这份感谢要给老师：是您一直以来辛苦浇灌，才有了我们的茁壮成长，硕果飘香；是您一贯的高标准严要求，才有了现在的我们的极致绽放。这份感谢要给国家：是祖国母亲的投入与关注，让我们在和平的环境中成长，今日我们是祖国荫蔽下的小草，明日我们是社会的栋梁。

那"加冠"的场景历历在目，戴在头上的，是成人的礼帽，扛在肩上的，是对父母、对学校、对社会的责任；那与父母交换信件时的泪水还挂在脸庞，泪水模糊了视线，父母那一根根白发却在那一刻显得如此清晰；走出成人门的我们，挽着父母的手，接受老师递上来的成人证书和祝福目光，门外不是单纯的阳光，那是未来，更是希望。

十八年，太多的感谢无以言表，只有融在那深深的鞠躬里；十八年，太多的歉意不知从何说起，只好化在那紧紧的拥抱里；十八年，太多的赞赏藏在心里，只能从热烈的掌声里表达出来。那一天真像一场梦，快乐到我忘了自己，那些来不及品味的欣喜，都留在一张张相片里。多年以后，当我们再看到那天光彩照人的自己，那强烈的自豪，那深深的感激，那温暖的阳光，那苍翠的雪松，那湛蓝的天空，又会回到我们的心房里。

遇见与陪伴

从某种意义上说，世间一切，都是遇见。冷遇见暖，就有了雨；冬遇见春，有了岁月；天遇见地，有了永恒；人遇见人，有了生命。

我女儿也是2017年毕业，成人礼上，我在给女儿的信中写道："在这特殊的日子里，爸妈有很多话想对你说，爸妈最想说一句话是：'爸妈有了你，是一生中最美的相遇。回想你的成长之路，爸妈好开心，好幸福。'""爸妈还要对你说：'宝贝，你是我们心中永远的骄傲！你善良的品行、与人为善的相处原则、宁静的内心、出色的语言表达、细腻丰富的情感和不服输的干劲一定会让你从优秀走向卓越。'"

其实，每个孩子都是父母的骄傲，都是一生中最美的遇见。师生之间何尝不是如此呢？人生，缘始于"遇见"，情长于"陪伴"。陪伴，是温暖人心的力量；陪伴，是最长情的告白；陪伴，是我们能给予学生最好的礼物。

林郑月娥说，陪伴是最好的教育。没有陪伴，爱不在身边，在孩子心里，他依然是个孤儿。

老师的倾心陪伴，让三班经受住了两次大的考验。

第一次考验出现在2017年元旦前，在高考倒计时200天的关键时候，在班级蒸蒸日上的时候，班里有同学出了水痘。水痘传染性强，传播快，我班先后有七八名同学感染。从最初的停课2周，到停课3周，我们执行了最坚决、最苛刻的隔离措施。有一次和年级主管主任胡庆周聊天，胡主任说三班在早读、跑操、学校氛围及精神状态等很多方面为整个高三年级作出了贡献，我开玩笑说三班对高三年级最大的贡献是把水痘疫情控制在了三班。如果当时有一点点的大意、犹豫、执行不力，后果不堪设想。在这个过程中，我们天天用紫外线消毒、用消毒液拖地，天气寒冷时也每天保持通风；保持与在家同学的沟通，让他们理解此举的无奈；与在校的学生沟通，安抚班内的恐慌情绪。

第二次考验出现在高考考场上。学生十年磨一剑，等待考场试锋芒，打击却不期而至，接连到来。"假如数学伤害了你，请你不要哭泣，因为理综还会伤害你。"平时的戏语，没想到一语成谶，这两科成了2017届高考的魔咒。数学考试结束，有人哭了，理综考完，有人说要准备复读了。

面对学生出现的沮丧情绪，我做的第一件事就是到各个考点安抚学生情绪，并通过校讯通向家长发送短信。

6月8日晨我在短信中写道:"昨天的数学考试,个别题目有难度,属正常设置,请家长提醒同学不要因此使情绪受到影响。失之东隅,收之桑榆,今天才是得分的关键日,放平心态轻松应考。"

学生在前一天数学考试受到严重打击,原本希望在理综考试中扳回一局,没想到第二天上午又遭到打击。我在中午接连发了两条信息。

6月8日12:27发出第一条信息:"同学们,可能你还沉浸在被理综打击的痛苦中,但你不了解理综对某些名校学生的杀伤力。不要把打破一枚鸡蛋的痛苦夸大成一个养鸡场的损失,不到最后时刻决不放弃。"

6月8日12:36发出第二条信息:"同学们,只有流过血的手指才能弹奏世间的绝唱,只有经过地狱般的磨炼才能有创造天堂的力量。再难的理综也难不倒英勇无畏的三班同学,绝地反击,浴火重生,平和理性,决战决胜。"

我不能说,这几条短信发挥了多么大的作用,但至少没有让学生沮丧的情绪蔓延扩大。

学生在成人礼后的感言中写道:

十八年的时光,
最美的时光,
十八岁的我们,
是最好的自己,
谁在懵懂之时遥想未来?
谁在垂暮之年将青春追忆?
幸而,
遇到了最好的你们,
在最美的时光里。

我的同事张华山老师说:

遇见您是孩子的福分,
您是灯塔引领孩子,
您是大船引渡孩子,
您是风帆助推孩子。

您是圣手改变着孩子,
您是心灵深处的播种机,
播撒着信仰,感动着学生,
大家都感动着、学习着、快乐着,
跟着您一起向前走!

沟通与交流

良好的沟通会架起一座相互理解的桥梁，反之会添上一堵隔阂的墙。

有一个媒体热词——"怼"，它的含义有很多，其中一项应该是指不和谐的沟通，恶语相向。现实生活中有一些人充满抱怨，缺乏耐心，一言不合，直接开"怼"。

2016年元旦假期遭遇雾霾假，家长不再淡定，抱怨开始泛滥，指责政府、指责学校、指责老师，网络上的段子手又有了"施展才华"的机会。我给家长发了这样一条短信："查理·芒格说：'宏观是我们必须接受的，微观才是我们能有所作为的。'雾霾伤身，心霾更甚。天气的事、政策的事我们都无能为力，一心向学哪里都是课堂，虚度终日什么时候都是假期。你选择返校，我们早有安排；你选择在家，我们在学校等待。"

我在家校群开诚布公地表明了我的态度：反对广场文化，杜绝舆论狂欢。后来，家长众筹在网上买了一台空气净化器。在一次家长会上，我说这台净化器的功能真强大，既能够净化空气，更重要的是，又净化了大家的心灵，净化了大家的情绪。

这个事件中的成功实践让我更加深刻地认识到了沟通交流的重要性，也更加注重师生、家长之间沟通的方式和方法。后来我写了一首小诗《你若懂我》，获得许多家长和学生的点赞。

……
每个人，
都有一个坚守，
我的坚守，
就是坚守教育的理想，
做有未来的教育，
无论现在，
还是过去，
尽职尽责，
尽心尽力，
你不懂我，
我不怪你。
……

我多么希望"怼"不是让对方的心更受伤,而是彼此的心又向对方靠近了一寸。

用加法包容,用减法怨恨,用乘法感恩,用除法解忧。

师生、家校、干群、同事,不能陷入相互埋怨、指责中,领导有领导的难、老师有老师的苦,每个人都在自己的角色中努力前行。多一分理解,多一分包容,因为我们是个大家庭,只有家和才能万事兴。

谋大与做细

　　成功的人生需要规划，美好的未来需要经营。只有把握全局的人才能预测未来，只有预测未来的人才能把握现在。每届做一个整体规划，每届做一项德育探究。每届重点不同，2009届是心理疏导，2012届是励志养成，2015届是家校合作，2017届是主题德育。"追求卓越打造精神特区，忘我拼搏铸就省宏品牌"是我们的班级建设目标；"高三三班，志在云天，团结协作，奋勇争先"是我们的班级口号；"健康第一，快乐学习，人格完美，成绩优异"是我们的班训；"打造强势班委，细化过程管理，强化限时训练，加强家校沟通，营造浓厚氛围"是我们的具体措施。

　　高三开学之初，年级提出来"让过程更加完美，让结果不留遗憾"的指导语。2017届高三年级高考倒计时300天、200天、100天，成人礼、百日誓师、毕业典礼，每一项活动都有计划、有主题、有落实、有效果、有反思，真正做到精心谋划、倾力投入、极致表达、完美绽放、深度发掘、持续发力，实现从形式到内容的丰富、从意识到仪式的呈现、从感性到理性的升华。

　　天下大事必作于细，天下难事必作于易。每一项活动都计划缜密、表达极致、效果震撼。虽不敢说感动天、感动地，但是每一次都感动了学生、感动了我们自己。每一次大型活动结束的当晚都是高三老班的不眠之夜，让红包再飞一会，让眼泪再飞一会。2017届高三第一次家长会后，我们就开始周末的自主学习和老班伴学；高考倒计时100天，我们的黑板报主题是"非常之事必待非常之人，非常之时必待非常之举"；倒计时30天，我们的黑板报主题是"勇者战高考，智者胜高考"；倒计时20天，我们用"激情澎湃，六月花开，倾力投入，极致精彩"激励自己；倒计时10天，我们的黑板报主题是"奔跑吧，兄弟姐妹！"。在6月4日（高考是6月7日）同学们喊出了"信心百倍，斗志昂扬；破釜沉舟，铸我辉煌"的誓言。高考倒计时100天我们还在做加法，我们选了2016年里约奥运会女子排球1/4决赛、半决赛、决赛的视频激励大家，倒计时20天开始做减法，我们用综艺节目《朗读者》和电影《摔跤吧，爸爸》舒缓学生心理压力。

　　针对不同时段复习备考中出现的新情况、新问题，我们结合时政（奥运会、G20峰会、纪念全民族抗战爆发80周年）提出了相应的指导语："树立金牌梦想，蓄积金牌实力，强化金牌保障""抗干扰，抗挫折，抗压力，抗诱惑""关键时期，关键决心，关键举措""盯紧关键位次，盯紧关键少数""极致之美，创意之美，诠释之美""落实主体责任，形成快速反应机制，把工作落到实处，把纪律挺在前面，把荣誉装到心里，把责任扛到肩上""将思想力转化为执行力、战斗力""精心谋划，倾力投入，极致表达，完美绽放""蓄势待发,顺势而为,乘势而上""做好样子,做足里子,做出面子""形式上做足功夫,内容上功夫到家""僵化地学,优化地学,固化地学""无愧过往,不畏将来""唯有艰苦卓绝的努力才可以赢得万分残酷的竞争""增加训练密度,提高训练精度,加大训练强度""变潜力为实力,有形学习,有效学习,改变一点就是改变全部,坚持到底就是胜利""大道至简,行动至上"等。高三真正做到了"努力到无能为力,拼搏到感动自己!",让精彩不断,让高度更高。每一次大型考试和大型主题德育活动我班老师都能做到事前充分动员、事中严密组织、事后精心总结,工作量之大难以想象。几乎每一次活动后我班的物理老师兼年级主任桂正文老师都会感冒一次,我们知道这是长时间超负荷工作导致的免疫力下降,高三老师都看在眼里,疼在心里。

成功不可能是急功近利的模仿,梦想不可能是人云亦云的追随。真正能够有所成就的人,都是那些对自我有清醒认识、对目标有独自选择能力的人。他们相信"滴水穿石,久久为功",在踏踏实实的坚持中摆脱了平庸,塑造了三班的与众不同。

第 5 辑

素养导向精神长

2020届，我担任国宏一班的班主任。这一届学生经历了在校分A、B班上课，高考延期等特殊的教学、考试安排。法国哲学家雅克·马利坦说："教育的目的应在于：借助知识、智慧和爱，使个体获得精神解放，并以此唤醒和释放学生本性中的精神渴望，提升学生的心灵层次。"这一届，我注重学生的精神生长和身心健康，在班级文化建设中，通过"共绘一幅图""共唱一首歌""共看一部剧""共读一段文"完成学生的精神成长之旅。我爱成绩，但我更爱健康成长的孩子；我爱成绩，但我更爱教育该有的样子。我们开展的"一举高'粽'""心想事'橙'""状元粥"等活动让教育有了温度，有了温情，有了回忆。

2020届，奋斗有我，不负时代。

十八岁的告白：
芝兰玉树邻家女，舒卷泼墨写未来

——2020 届成人礼学生诗朗诵

王艳红

由王艳红老师创作、学生倾情朗诵的诗歌《十八岁的告白：芝兰玉树邻家女，舒卷泼墨写未来》，触动了 2020 届成人礼上每一个人的心弦，让我们再品诗歌，回顾成长的故事，感受学生对父母、对师长的感恩之情。

一、前世梦惊鸿一瞥，今生爱共守日月

那是 2001 年的春天，我跨越时空赶来，来赴一场生命之约。
我梦见自己穿越无尽的黑暗，终于融进一团光的温暖。
这一刻我成了你的儿子，看见阳光洒满你的侧颜。
我梦见自己从高空急剧坠下，最后落入一朵云的柔软。
这一刻我成了你的女儿，看见温柔抚摸你的笑脸。
从此，我占据你的生活，站在你的心尖儿。
我在你摇动的怀里做梦，在梦里看见你把黑夜摇成温柔的黎明，又把黎明摇成星辉满天。
我在你疲惫的脸上寻找，终于发现你就是我守候的前世之缘，眉眼如月，清风拂面。
因为有你们，四季许我以安暖，
因为有你们，岁月待我以温柔。
我是你们最爱的孩子，你们是我最爱的爸妈。亲爱的爸爸妈妈，我爱你们！

二、湖光树影趣无限，最是贪玩读书郎

那是 2007 年的夏天，我六岁了，你把我送上人生的起跑线。
我小小的肩膀背上大大的书包，书包太重，我抗拒，我撒娇，我哭闹，
可是你说：男子汉，自己的事就要自己承担。
我小小的手指握着硬硬的铅笔，窗外太美，我的心随着蝴蝶飞上九霄。

可是你说：女孩子，只有自立才能自强。

于是，在你严厉的目光下，我虽心有怨言却不再幻想，

于是，在你固执的坚持中，我虽心有苦闷却开始成长。

妈妈，也许你不知道，我偷看了你的朋友圈，

知道有多少个深夜，你推掉闺蜜的邀约，就为了陪我写完那张晦涩难懂的试卷。

爸爸，也许你不知道，我偷翻了你的电话簿，

知道有多少个周末，你拒绝好友的饭局，就为了带我一览祖国的大好河山。

就这样，日复一日，年复一年。我感受岁月静好的模样，慢慢长成了小伙子，大姑娘。

亲爱的妈妈，

亲爱的爸爸，

岁月有多长，您的爱就有多长。生命有多重，您的爱就有多重。亲爱的爸妈，谢谢你们！

三、谁言寸心难回报，碧空如洗志今朝

这是2019年的秋天，我十八岁了。

邻家有女初长成，蕙质兰心玉亭亭。

独立陌上人如玉，束发公子世无双。

今天，我即将张开初生的双翅，去和云彩比高。

爸爸，请您拍拍我的肩膀，给我勇往直前、直上青云的力量。

妈妈，请您紧握我的手掌，让我永不退缩、敢拼敢闯。

我站在高空遥望，妈妈，为什么你步履踉踉跄跄，你何时开始白发随风飘扬？

我挥手和你作别，爸爸，为什么你身体佝偻摇晃，你何时开始喜欢泪满眼眶？

你的白发刺痛我的双眼，

你的泪水打湿我的忧伤。

我终于明白：

我的每一点成长，都是您的青丝所化。我的每一点进步，都让您的青春蒸发。

今天，我十八岁了，

此刻，我最想对您表达我十八年的歉意。现在，我最想对您说出我十八年的感激，

爸，妈，对不起！

爸，妈，我爱你！

今天，我十八岁了，爸爸，相信我吧，您的阳刚已经滋养出我这匹烈烈骏马。

今天，我十八岁了，妈妈，相信我吧，您的温柔已经浇灌出我这朵灼灼芳华。

从今天起，我成为一个崭新的你，你拥有一个崭新的我，

亲爱的爸爸妈妈，就在这里，你们等着我荣耀归来。

四、人间正道多艰险，良师益友伴我行

今天，我十八岁了，我将松开父母的手，冬日漫漫新征程，前路从此一人行。

可是，亲爱的爸妈，请不要为我担心和忧愁。

因为我用十八年的诚信和友爱结识益友三千，奋斗的路上我们将相扶相率，破浪扬帆。

因为我用十八年的善良与上进结识良师无数，拼搏的路上我们会心手相连，直达终点。

感谢你们，我敬爱的老师，亲爱的伙伴。

感谢您，我的老师。

"厚德"以"载物"，是您教会我成才在后做人在前的道理。

"厚体"以"承思"，是您让我明白柔弱的身躯承载不了伟大的思想。

"厚行"以"致远"，是您告诉我只有坚持人间正道才会到达远方。

"厚园"以"丰物"，是您让我坚信每个人都是一颗钻石，会在合适的地方闪闪发光。①

感谢您，敬爱的老师，您用深厚的积淀给予我知识的洗礼，滋润我干涸的心田。

感谢你，我的同窗，我记得入校时是你第一次喊了我的名字。

我记得你精心为我编织的发辫每次都不一样。

你陪我在篮球场纵横驰骋，奋力拼杀，把篮板扣得哐哐直响。

你是睡在我上铺的兄弟，我们一起高歌，一起聊天，好东西从来不会独享。

感谢你，亲爱的朋友，你用真挚的友情赶走我青春的忧郁，擦亮我明媚的双眼。

我尊敬的恩师，我们曾经一起闯过一道道难关。

我亲密的伙伴，今天让我们再次站上崭新的起跑线。

你为我助威，我为你呐喊。

你扶我站起，我帮你擦汗。

让我们一起超越自我、挑战极限，面向未来，勇往直前！

我们的时代激情磅礴、蒸蒸日上，"当今之世，舍我其谁"就是我的梦想。

我们的时代全民追梦、前途无量，"做时代弄潮儿"就是我青春的华丽开场。

芳林新叶催陈叶，流水前波让后波。

---

① 郑州市第四十七高级中学"厚文化"的发展设计是"一厚两向四重"。"一厚"即"厚文化"的全面统领；"两向"是厚文化的方式，即向上的生长和追寻、向下的扎根与积累；"四重"是厚文化建设的四个着重，即"厚德以载物、厚体以承思、厚行以致远、厚园以丰物"。

今天开始，我们就是扬我国威、民族复兴的青年一代。

桐花万里丹山路，雏凤清于老凤声。

今天开始，我们就是科技兴国、实干兴邦的新生力量。

十八岁，我们告别胆怯，当仁不让。大鹏一日同风起，扶摇直上九万里。

十八岁，我们不再空想，励志图强。天若有情天亦老，人间正道是沧桑。

十八岁，我们不忘初心，兴国安邦。今日披挂踏征程，不负岁月不负卿！

寄语青春，十八芳华

——2020届成人礼上的发言

宋子轶妈妈

尊敬的领导、老师、亲爱的同学们：

你们好！

今天我们欢聚在这里，举行这个隆重热烈的"十八岁成人仪式"。能作为学生家长的代表发言，我感到十分荣幸。在这令人激动的时刻，请允许我代表所有的家长，向步入成人行列的同学们致以衷心的祝福和热烈的祝贺！祝贺你们从孩童走向成年、走向成熟，我们为你们激动，为你们骄傲，为你们喝彩，为你们自豪！

此时此刻，作为普天下极为平凡的"母亲"中的一员，我不禁会想起伴随孩子成长的十八年岁月。回望孩子的成长历程，我们深知"爸爸"和"妈妈"这个称谓的担当与艰辛：孩子第一颗乳牙的萌生，第一次蹒跚的脚步，第一声甜甜的称呼，第一张骄傲的成绩单……无不牵挂着父母的心。时间就像一本不停翻动的相册，记录着孩子们十八年来生命中的每一个瞬间。十八年的艰辛、劳苦与付出，十八年的快乐、幸福与自豪，都将成为我们心中永远的珍藏。

亲爱的孩子们，你们已从襁褓中的婴儿长大成为充满青春活力的青年，在你们这个成人礼上，作为父母，我们有很多的期待和嘱托。希望你们善良正直，希望你们阳光健康，希望你们早日有所作为……在你们步入十八岁的神圣时刻，在你们即将跨入成人的行列之时，我想代表所有的爸爸妈妈和你们做一次成人间心与心的交流和沟通，衷心送上天下所有父母对你们最真挚的祝福和希望。

首先是勇于坚守。

十八岁的你们，今天起将慢慢离开父母的怀抱，站在独立的人生起点，在这个前程繁花似锦又充斥着浮华的世界里，希望你们不要迷失了自我，永远都要坚守美好的人格；也许你们会看到邪恶，但是永远都要坚守善良的天性；也许你们会因受挫而迷茫，但是永远都要坚守自信和理想。前进的路上总是风雨夹杂着狂沙，风雨会让你们跌倒，狂沙会让你们流泪，但你们要有信心，勇敢地去面对眼前的一切。阳光总在风雨后，如果有一天，你们跌倒了会自己爬起来，含着泪笑着对父母说："爸爸妈妈，你们放心吧！"那一刻，我们所有的父母牵挂十八年的心才会慢慢放下。因为，孩子们，你们已经长大！

其次是学会担当。

从十八岁这一刻起，你们已经不再是父母膝下撒娇的孩子，而是一个享有公民权、具有行为能力、要承担责任的成年人。社会赋予成年人的除了权利，更多的是义务与责任。你们要为自己的言行负起应有的责任。无论是对国家和社会，还是对个人与家庭，你们都要挺起你们的胸膛，履行自己的责任和义务。国家兴亡，匹夫有责，国家要振兴，家庭要建设，个人要发展，孩子们，你们肩上的责任重大啊！

最后是懂得感恩。

没有父母的养育，就没有你们的生命；没有老师的教诲，就没有你们今天的学识；没有朋友同学的关爱，就没有你们健全的身心。感恩不仅是一句话，也没有可以衡量的标准。只有当你们真正成熟起来，你们才会把感恩之情奉献给你们人生中的每人每事和每时每刻。

同学们，磨剑十二年，亮剑在一朝。孩子们，你们的理想已经触手可及了。作为父母，我们似乎更满怀期待了，你们都准备好了吗？在这个世界上，没有无缘无故的成功，也没有无缘无故的失败。影响你们前进的，不是知识太难，而是不能战胜自己。只要你们拿出战胜自己的勇气和决心，就没有什么能阻挡你们前进的步伐！同学们，我相信，只要努力了，就没有失败者。希望你们大胆前行，坚定地去追逐你们的梦想。爸爸妈妈在看着你们，老师们在注视着你们，我们都爱你们……你们将为学校增辉，学校将为你们骄傲！

共绘一幅图

哲学家张岱年说:"新的理想能给人以新的力量。无理想的人,必不会感到生活之意义。无理想的人,必没有与环境搏斗之勇气。唯理想能鼓舞人的精神,能坚定人的意志,能使人面对逆境而无所畏惧。理想不只是适应现实而已,如止于适应现实,那就不称其为理想。理想实在是以变革现实为主。我们要认识现实,我们更要敢以理想与现实战斗,能认识现实是智,敢以理想与现实战斗是勇。"

旗帜代表着理想,我们的班旗该是什么模样?同学们开始头脑风暴,智慧众筹,最终在优秀的传统文化中获得灵感。北冥有鱼,其名为鲲,化而为鸟,其名为鹏,绝云气,负青天,待六月,将图南,鲲鹏志,国宏班,名校梦,记心间,宏志精神薪火传。庄子笔下的鲲鹏形象让一班人心驰神往,它寄寓了高三一班学子的求知梦想。"云抟九万,水击三千,鲲鹏志远,奋北图南"的班级口号不仅寄托了我们顽强拼搏的决心,更有对未来辉煌的憧憬与希望。正如我们的班旗一样,碧波之上,鲲鹏搏击海浪与风同翔,用坚持实现理想。"特别有志向,特别爱学习,特别有礼貌,特别守纪律,特别有作为,特别能胜利"的宏志精神充分彰显在鲲鹏这一班级的精神图腾中。

高二进行班级文化建设时,马一鸣、王子陆、廖童欣等几位同学精心彩绘了黑板报。上古之大椿树、北冥之中的巨鲲、翼若垂天之云的大鹏、振奋士气的班级口号构成了黑

学生彩绘黑板报

板报的主要元素，这幅富有创意、精心设计的黑板报对班级精神的形成发挥了重要作用。2020年高考前最后一个月，为了提振学生士气，重燃学生奋斗梦想，我们举办了一期"我为梦想添彩"的主题班会。班会前我只和几位班委进行了沟通，班会开始前才书写了标题，让每位同学再次明确个人奋斗目标，班主任再次明确班级奋斗目标，每个人用彩笔在教室后的黑板上为寄寓一班人梦想的鲲鹏图案描绘一笔。我们的班旗更加鲜亮醒目，我们的梦想更加坚定炽热，我们都是宏志精神的传承人，我们将如鲲鹏振翅长空，翱翔于梦想的蓝天。

任正非说："资源是会枯竭的，唯有文化才会生生不息……精神是可以转化为物质的，物质文明有利于巩固精神文明。我们坚持以精神文明促进物质文明的方针。"班级建设中，我们以发展学生核心素养为导向，以文化人，精神领航，助力学生健康成长。

共唱一首歌

有人说,一个民族,老师笑不起来,这个民族未来不会有太多笑脸。我认为,一段青春,如果没有歌声,这段青春不会给学生留下太多回忆。文章合为时而著,诗歌合为事而作。歌声就是心声,歌声代表着对班级的认同。

2020 届高三年级成人礼现场

从 2012 届开始,我为每届学生改编一首专属的歌曲,力争为每届学生留下一段专属的回忆。"咱一班的人,有啥不一样,只因为我们肩负宏志班的荣光……"由军旅红歌《咱当兵的人》改编而成的《咱一班的人》成为我们的强班战歌。

咱一班的人

咱一班的人,咱一班的人

咱一班的人,有啥不一样,只因为我们肩负宏志班的荣光

咱一班的人,有啥不一样,自从离开家乡,就学会了坚强

说不一样,其实也一样,都是青春年华,都是热血儿郎

说不一样,其实也一样,一样的风华正茂,我辈担当

咱一班的人,就是不一样,头枕着星空明月,身披着晨曦霞光

咱一班的人,就是不一样,为了人生梦想,我们意志坚如钢

说不一样,其实也一样,都在渴望辉煌,都在赢得荣光

说不一样,其实也一样,一样的风采在 47 中,旗帜上飞扬

咱一班的人,咱一班的人

咱一班的人，有啥不一样，只因为我们肩负宏志班的荣光

咱一班的人，就是不一样，为了人生梦想，我们意志坚如钢

咱一班的人，就是这个样

学校每年都会举行"科技文化体育艺术节"，校歌和班歌比赛是"科技文化体育艺术节"上的一个保留项目。在历届的比赛中我带领的班级都取得了优异的成绩，因为我深知比赛的意义远远不止于比赛，它是班级建设中的一个关键事件，是增强班级凝聚力的宝贵契机，读了下面的学生赛后感言或许更容易明白校歌和班歌比赛中蕴含的班级建设的道理。

李梦瑶："校歌和班歌比赛的胜利不是班级精神的终点，是精神发展的一个驿站，它见证了那永远飘扬的嘹亮歌声。"

马一鸣："让掌声成为我们人生的伴奏曲吧！因为我们歌声嘹亮！愿此歌声嘹亮，永伴我们到梦想的彼岸！"

杨雪楠："你们听到的不是歌声，而是一班人环环相扣紧密贴合的心跳声。"

李璐帆："青春的姿态绽放在那一晚，努力拼搏，不惧前方。那一刻的嘹亮歌声凝聚了整个班级，我不再是我，而是我们一班。歌声嘹亮，将青春唱响，不惧彷徨，驱散迷惘。即使总会有一天天各一方，也不会忘记余音回荡和青春的力量。"

雅克·马里坦在《教育在十字路口》中说："对人类心灵的发展来说，最丰富的物质条件、最完备的方法、信息、博学都不是最重要的，最重要的是唤醒人类的内在才智和创造力。"这段话对我们的启发是：在关注学生发展时要实现从只盯住单一分数向关注人的全面发展转变。发挥教育的积极因素，注重学生的精神生长。促进学生精神生长的手段不是说教，不是惩罚，不是责怪，而是唤醒、释放，并小心翼翼随侍身旁。苏格拉底的父亲是个石匠，一次，苏格拉底指着一个即将完工的小狮子问父亲："你什么时候才能把它雕刻好呀？"父亲指着小狮子说："你是说他吗？我正在唤醒他，他原本睡在石块中。"这是一个极富禅意的回答。正如我们看待学生一样，你如果把他看作石头，自然会选择雕刻；你如果把他看作容器，自然会选择灌输；你如果把他看作种子，看作有灵性的生命个体，自然会选择唤醒。当下的教育更多时候用管理代替了教育，甚至误认为管理就是教育的全部，这显然是不妥当的。

共看一部剧

英格玛·伯格曼说:"没有哪一种艺术形式能够像电影那样,超越一般感觉,直接触及我们的情感,深入我们的灵魂。"

李政涛说:"一部影片是一个具有内生力的教育喷泉。"

《教育部 中共中央宣传部关于加强中小学影视教育工作的指导意见》提出:"优秀影片具有生动、形象、感染力强等显著特点,蕴含着丰富的思想、艺术和文化价值。利用优秀影片开展中小学影视教育,是加强中小学生社会主义核心价值观教育的时代需要,是落实立德树人根本任务的有效途径,是丰富中小学育人手段的重要举措。"

高中阶段,我会在合适的时间组织学生收看三部优秀影视作品《我是特种兵》《世纪之约》《恰同学少年》。高一军训通过组织收看《我是特种兵》增强学生纪律意识,锤炼学生钢铁意志;高二组织收看《世纪之约》让学生明白"细节决定成败"的道理;高三组织收看《恰同学少年》让学生树立"肩负天下、我辈有责"的历史使命感和社会责任感。优秀的影视作品和文学作品能很好地解决高中学生面临的思想和心理问题,扫清前进障碍。学生在收看后写下了感人的话语。

杜玉第:"我不是天生的王者,但我骨子里流淌着不让我低头的血液。来路无可眷恋,值得期待的只有远方。既然选择了远方,便只顾风雨兼程。"

刘浩鑫:"一个人走得快,一群志同道合的人走得远。班级要有统一的集体价值认同,形成良好的氛围,打造属于我们的命运共同体。"

李嘉祺:"每一个体做到完美,才能铸就一个完美的集体,树立崇高信仰和钢铁般的团队意识和纪律意识。"

宋子轶:"坚定信念,勇于冲锋。我们常常痛感生活的艰辛与沉重,无数次目睹了生命在各种重压下的扭曲和变形。但是我们却在不经意间遗漏了另外一种恐惧——没有期待,无需付出的平静,其实是在消耗生命的活力与精神。"

董毅:"没有比脚更长的路,没有比人更高的峰。天赋只能支撑起一时的灿烂,而坚持能使永恒改变。"

崔子昂:"高举理想主义的火炬奋勇向前,不惧泥泞与荆棘。"

赵彬彬:"面对团队,苦乐共享,无言付出。面对责任,担当不变,不负期望。面对战友,义薄云天,团结奋进。面对挑战,面不改色,临危不惧。"

做好影视教育要遵循"五步曲"策略。第一步是精选剧集，只有好的作品才能感染学生、启发学生、教育学生；第二步是组织集体收看，营造好氛围，激发共鸣；第三步是让学生有感而发，及时撰写观后感；第四步是召开班会，分享心得；第五步是提炼金句，汇总成班级共同的价值认同和行动指南。遵循了影视教育的"五步曲"策略，影视教育的效果就会显著而持久。

共读一段文

黑板和学生平板空间是唤醒学生精神成长的重要阵地，我会根据不同的节点推送文章和晨语。

面对中美经贸摩擦的不断升级，及时推送《光明日报》长篇评论《中国骨气、中国底气、中国志气》；新中国成立70周年庆典到来之际，推送《人民日报》重磅文章《雄关漫道真如铁》《人间正道是沧桑》《长风破浪会有时》；在开学季，推送清华大学原校长邱勇讲话《踏万古江河，铸不朽人生》。

以下则是部分晨语摘录。

"人生如逆旅，向上的路总伴随着荆棘。如果你因为畏惧而选择安逸，就会丧失斗志，只能望着别人前进的背影独自叹息。没有什么比自己的努力更能激励人心，放下负担，着眼当下，你的每一步都是在创造自己的人生。一个人最好的状态，就是与梦想互不辜负，微笑挂在嘴边，自信扬在脸上，梦想藏在心里，行动落于腿脚。"

"所谓年轻，不仅是指年龄，更是指一种状态。对事物充满好奇，对人生满怀期待，知道路途艰辛却依旧一往无前，这就是年轻的生命状态。愿你始终有对生活的激情和对未来的希望，永远有一颗年轻的心。因为有明天，今天永远只是起跑线。"

"努力过后，才知道许多事情，坚持坚持，就过来了。真正的强者，不是没有眼泪的人，而是含着眼泪依然奔跑的人。静心蓄势，创造奇迹。未来的生活靠的是拼搏和汗水，未来的辉煌靠的是勇气和实力。迎战高考的路上，纵有千难万险，愿你披荆斩棘，一路向前；通往成功的路上，定要千锤百炼，愿你舍生忘死，策马扬鞭。"

"努力让人生无悔，快乐让人生增值。老师衷心希望你们一边努力，一边快乐！真正的快乐来自崇高的追求，真正的幸福孕育于艰苦的奋斗。希望大家学得像钻石一样闪亮，更要像钻石一样坚强。只有做到钻石一样坚强，才能像钻石一样闪亮。"

四季晨语，晨语四季。一块黑板、一个平板空间、一个群聊都成了学生精神成长的园地。

"教育的目的应在于：借助知识、智慧和爱，使个体获得精神解放，并以此唤醒和释放学生本性中的精神渴望、提升学生的心灵层次。因为唯有当教育成为精神自由的主人、背离技术至上的奴隶时，其才能真正地摆脱徘徊，走出十字路口。"雅克·马里坦在《教育在十字路口》中的这段话既指出了教育的目的，又指出了教育的路径——唤醒学生的精神成长，让学生获得精神解放，成为精神自由的主人。

共绘一幅图、共唱一首歌、共看一部剧、共读一段文都是让学生获得精神成长的有效路径。

复学了，老班却忘了学生姓什么

北京十一学校原校长李希贵说，师生平等应是校园生活的基本状态。居高临下的姿态、高高在上的架势、教训的口吻、不屑的眼神全将无法在校园里藏身，我们每一位教师都需要放下身段、敞开心扉，以长者的责任和平等的身份与孩子们对话、沟通、合作，共同成长。

"浩钦、浩鑫、浩洋，你们几个过来帮个忙……""子陆、子轶、子昂，到办公室把资料领一下……"终于复学了，孩子们的"姓"却丢了一大半。这是什么情况？是时间太长把孩子们的姓氏都忘了吗？当然不是，都是网课惹的"祸"，这话要从家长的求助电话说起。

"不说作业，母慈子孝；一说作业，鸡飞狗跳。""孩子写作业，父母两行泪。"段子虽说有些夸张，但也是部分家庭的真实写照，更何况"放假在寒冬，开学在夏季"的超长假期，更是对亲子关系的严峻考验。

小冬（化名）的妈妈发来信息："张老师您好！不想太麻烦您，可是实在没有办法了，孩子现在很浮躁。不理他时，一切都好；提醒他时，他就变得极其蛮横无礼。现在每天晚上一点多，问他在干啥，总说是在补前期作业，问前期作业为啥没按时完成，就恼羞成怒，甚至以不吃我做的早饭抗议。我们前期加班，后期也调休，在家时间多点，我在他眼中成了'小人'，说句话就是'妇人之仁'。他沉不下心学习，自己感到焦急，便责怪一切外因。张老师，您抽空给他打个电话，问问情况，您的话，他应该能听，麻烦您了。"

烦恼的不止一个家长，小鹏（化名）的爸爸也发来信息："对不起，张老师，孩子我没教育好，各种办法都想了，就是不知道怎么把他引上路。到今天晚上为止，他已经4天没有正常学习了，前天晚上在屋里谈话谈到半夜，今天晚上又谈了半天。道理他都懂，现实情况他也清楚，就是提不起劲。现在我让他搬到外面来了，接受大人监督，今晚务必把数学和化学作业补好再睡。我现在每天啰唆多了，孩子还不耐烦。有什么不妥之处，等您和他沟通过，我再打您电话，孩子听您的多一些，在家逆反心理太重。"

教育学首先是关系学，当然是人际关系学，构建良好的人际关系首在沟通。我想还是用最传统的方式——谈话。网课阻隔了空间，却拉近了思念。网课未解除，就通过社交软件、电话与同学沟通。逐人沟通、小组沟通、预约电话、视频会议，不知不觉，"沛东""铭泽""家齐""梦瑶""歌茵""嘉祺""佳莹"叫得越来越顺口，和孩子们的情感也随着电话沟通的频次增加而日渐加深。迷失的孩子找到了正确的方向，沮丧的孩子重振了信心，自暴自弃的孩子开始回到集体的怀抱。

并不是和每一个同学的沟通都一帆风顺。小亮（化名）同学在网课初期，迷恋玩手机，经常翘课，不进课堂，不交作业。我和家长沟通，家长也束手无策。

爱之深，责之切。第一次沟通，我以电闪雷鸣之势声色俱厉地批评了他，我自信地认为，以我平时在学生面前的威严，小亮一定会"痛改前非"。接下来的一周，各科老师反馈过来的信息让我意识到情况并不乐观，小亮并未如我所愿，回到正途。

第二次电话沟通时，我甚至抛出了撒手锏："如果再不按时上网课，提交各科作业，复课后将延后你的入班时间。"电话的另一端陷入了沉默，长久的沉默……我也后悔自己语气太重，伤害到了学生。其实，孩子非常在意老师的看法和方式，当意识到老师对他失望时，可能就不愿意在你指出的光明大道上前行了。

转机出现在一次课堂上，一天，我看到小亮又上线了，"机会来了！"我不失时机地向他提问了一个问题，并预约了第三次通话。这时，我想到了一句话："嘴巴温柔一点，耳朵会更听话。"我决定改变策略，电话接通后，我先回顾了他两年来在班级的表现——刻苦认真，坚忍不拔，也对现在他的不思进取表达了不解和痛心。这时小亮说："老师，我再也不会缺课了，前面落下的作业我会尽快补交。""这是不是你的真实想法？你不用顾忌老师的面子违心应答。""老师，是我的真实想法。""那好，我们就这样说定了，高考前可不能再反悔了。""放心吧，老师，我不会反悔。"

小亮的事再次印证了英国教育家斯宾塞的名言："教育者的全部奥秘就在于如何爱护学生，如果你讨厌学生，那么，你的教育还没开始就已结束。"

终于复课了，又可以和同学们朝夕相处了，再也不用通过电话连线了，可是那些在电话沟通的日子里养成的习惯却改不掉了——在喊同学时总是直呼其名，姓氏不知不觉给丢掉了大半。现在和同学交流，我为了减轻他们后期复习备考的压力，语气不知不觉变得不那么生硬了，目光也变得温和而坚定，还会经常拍拍男孩的肩膀说一声"加油"。

假如高考是头牛[①]

"假如时光可以倒流，我一定会……"多少人攥紧拳头，咬紧牙关发过这样的誓言。

时光真的"倒流"了，事情就这么魔幻地发生了。高考只剩68天时，一条重磅新闻让高考倒计时回转了30天：2020年高考延期一个月举行，考试时间为7月7日至8日（湖北省、北京市高考时间另行安排）。有的人欣喜若狂，摩拳擦掌，觉得大干一场扭转乾坤的机会来了……

关注老师们的社交平台动态，会发现留言大都比较理性。因为这个机会是均等的，每个人都能享受到的机会还是机会吗？我个人认为，高考延期不过是将选拔人才的模式从批量筛选转换成人工分拣，从分拨选拔变成了逐一考核。延期的一个月就是放大器，考生的优秀或不足都将被放大……俗话说真金不怕火炼，当然真金也不怕人工分拣，前提是考生自己得是真金。

我自己差点被突然冒出来的一个古怪的问题逗乐了："假如高考是头牛，你想扮演什么角色？"

我想许多考生不二的选择就是做"庖丁"。《庄子·庖丁解牛》中写道："以无厚入有间，恢恢乎其于游刃必有余地矣……提刀而立，为之四顾，为之踌躇满志，善刀而藏之。"多么潇洒的场面，多么诱人的场景。

问题是多出的一个月考生能炼成"庖丁"吗？考生知道怎样才能修炼成"庖丁"吗？不着急，我们还是先来欣赏一下庖丁为文惠君解牛的优雅动作。

"庖丁为文惠君解牛，手之所触，肩之所倚，足之所履，膝之所踦，砉然向然，奏刀騞然，莫不中音。合于《桑林》之舞，乃中《经首》之会。"

翻译过来的大致意思是，有一个名叫丁的厨师替梁惠王宰牛，手所接触的地方，肩所靠着的地方，脚所踩着的地方，膝所顶着的地方，都发出皮骨相离声，刀子刺进去时响声更大，这些声音没有不合乎音律的。它竟然同《桑林》《经首》两首乐曲伴奏的舞蹈节奏合拍。

天哪！这哪里是血腥味十足的解牛？简直就是一曲美妙的华尔兹。难怪梁惠王惊讶道："哇！你的技术怎么会高明到这种程度呢？"是呀，庖丁的技艺怎么能达到这种程度呢？通过这段描写不难看出，庖丁对自己从事的职业是无比的喜欢。子曰："知之者不如好之者，好之者不如乐之者。"认真可以把事情做成，而热爱却可以把事情做好，做出品位，做出

[①] 本文写于2020年公布高考延期之际。

境界。庖丁之所以为庖丁，此其一也。如果把学业当志业，如果在学业中体味到无穷的乐趣，高考恐怕就不是问题了吧。

庖丁修炼成功的诀窍之二：十九年如一日，解牛数千，熟能生巧。学习中所谓的"举一反三""触类旁通"，有几人未经海量训练能体会到它的妙处呢？看看美国职业篮球联赛（NBA）球星科比的手，长期的训练让他的手掌变形；看看孙杨的手指，因每天训练游5000米、7000米甚至10000米，他的指纹几乎被磨平；看看郭晶晶的眼睛，因为长期受到入水时的冲击以致轻微视网膜脱落。你必须非常努力，才能让人觉得毫不费力。"人一能之，己百之；人十能之，己千之。果能此道矣，虽愚必明，虽柔必强。"这几句的大意是："别人学一次就会了，我还不会，就学他一百次！别人学十次就会了，我还不会，就学他一千次！如果真能照这样子去做，即使再笨，也会变得聪明，即使再柔弱的人也会变得坚强。"

高三的同学终于要回到朝思暮想的校园了，终于不用天天盯着屏幕上网课了，但是亲爱的同学们，你做好应对难题饱和攻击的准备了吗？你做好精准补齐自身短板的准备了吗？庖丁成功之勤学苦练、熟能生巧，你懂了吗？

庖丁修炼成功的诀窍之三：重道而行。庖丁说："臣之所好者道也，进乎技矣。"庖丁能做到目无全牛，能够"以神遇而不以目视，官知止而神欲行"，正在于他"依乎天理，批大郤，导大窾，因其固然，技经肯綮之未尝……以无厚入有间，恢恢乎其于游刃必有余地矣"，"是以十九年而刀刃若新发于硎"。

宰牛的时候，庖丁只是用精神去接触牛的身体就可以了，而不必用眼睛去看，就像视觉停止活动了而全凭精神意愿在活动。他能顺着牛体的肌理结构，劈开筋骨间大的空隙，沿着骨节间的空穴使刀，都是依顺着牛体本来的结构。宰牛的刀从来没有碰过经络相连的地方、紧附在骨头上的肌肉和肌肉聚结的地方，更何况股部的大骨呢？技术高明的厨工每年换一把刀，是因为他们用刀子去割肉。技术一般的厨工每月换一把刀，是因为他们用刀子去砍骨头。而庖丁的刀已用了19年了，宰牛数千头，刀口却像刚从磨刀石上磨出来的一样。牛身上的骨节是有空隙的，可是刀刃却并不厚，用这样薄的刀刃刺入有空隙的骨节，那么在运转刀刃时一定宽绰而有余地了，因此用了19年而刀刃仍像刚从磨刀石上磨出来一样。

学问之道，一要扎实地学，二要及时地问。尊重学科规律，明确考试要求；自主地学，合作地学，探究地学；课前有准备，课中有参与，课后有反思，思后有补偿训练，何愁知识不能掌握？何愁能力素养不能提升？

最后一点：慎终如始。"虽然，每至于族，吾见其难为，怵然为戒，视为止，行为迟，动刀甚微。謋然已解，如土委地。"即使庖丁的技艺如此精湛也从不自吹自擂、自高自大，每当碰上筋骨交错的地方，就十分警觉而小心翼翼，目光集中，动作放慢。19年战战兢兢，如履薄冰，慎终如始，技艺能不精湛吗？

非常之事必待非常之人，非常之时必待非常之举。高三的复习备考要取得全面胜利就要做到慎终如始，一鼓作气！

老师,我比以前更努力了,成绩反而下滑了

一场突如其来的网课打乱了正常的教学节奏。学生居家学习,老师网上授课,学习效果和质量如何?两次"云"考试后,几个同学打来电话,开口就说:"老师,我很迷茫。"一个一直很努力的同学说着情不自禁地抽泣起来。"迷茫?"我的心咯噔一下,高考仅剩70多天,这个时候正是坚定信心、冲锋陷阵的时候,怎么会迷茫?"是的,我感觉比以前更努力了,成绩反而下滑了,我都不知道该怎么办了。"哦,听到这里,我的心情稍微舒缓了一些,原来是方法问题,不是方向问题。

通过摸底,我发现还有一些同学有相似的困惑。既然问题是共性的,那必须马上解决,于是以"坚定信心,直面问题,采取措施,走向胜利!"为主题的班会在此背景下及时召开了。以下为班会内容摘要。

一、转换升级阵痛

成绩下滑是复习节奏的转换升级带来的阵痛。大家刚刚从一轮复习转入二轮复习,一轮复习的节奏慢,知识点过得细,老师的主导作用发挥得比较充分,所以同学们的方向感很强,获得感也很强。进入二轮复习之后,原来老师手把手的讲解转向了同学们自主操作,节奏在加快,难度也在提高,一轮学习知识、掌握的方法全部要转化成应用和运用。就像成年人考驾照,一轮由教练讲要领、规则,示范操作,在副驾驶上"保驾护航";二轮呢?就是已经取得驾照后,自己独自在川流不息、情况千变万化的道路上驾车,当然会紧张万分,状况百出。《中国高考评价体系》指出,高考考查从能力立意升级为"价值引领,素养导向,能力为重,知识为基"的综合考评。如果你确实很努力,方法没问题,恭喜你,你正在从"知识为基"向"能力为重,素养导向"提升。

二、"波浪式前进,螺旋式上升"是事物发展的客观规律

学习就像盘山公路,依山就势,曲折盘桓最终通达山顶。上升、盘桓、回调是正常的学习规律,概莫能外。暂时的起伏,不必大惊小怪,更不必如临大敌,但是要通过坚持不懈的努力,减少波动幅度,"跳跳床式"的波动是正常的,尽量避免"蹦极式"的波动。

三、延迟效应

高考的公平性体现在事在人为,天道酬勤。一分耕耘一分收获,功夫不负有心人。但是备考也有延迟效应,不会立竿见影,今天的成绩是更早一个阶段综合努力的反馈,今天

的努力会在稍后一个时期反应出来。急功近利是备考的大敌，脚踏实地是最快的捷径。所以，如果你确定学习态度、学习方法、投入精力、心态状态没问题，那就不必太苦恼，相信没有一个冬天不会过去，没有一个春天不会到来，守得云开见月明，守得春风待花开。

四、回声效应

学习就像对着山谷喊"你好"，会得到回声"你好"一样，要相信付出终有回报，也要明白努力的程度决定回报的比例。努力的比较有两个层面：一个是纵向比较，与从前的自己比；一个是横向比较，和周围的人比。大多数人努力的感觉来自纵向的自我比较，而成绩却取决于横向的比拼定位。有同学感觉自己比高一高二时努力了，是事实，但高考是千帆竞发，百舸争流。你在努力地学，别人却在拼命地学。高中教材里曾有一篇《寡人之于国也》，梁惠王感叹说："寡人之于国也，尽心焉耳矣。河内凶，则移其民于河东，移其粟于河内；河东凶亦然。察邻国之政，无如寡人之用心者。邻国之民不加少，寡人之民不加多，何也？"孟子用五十步笑百步的道理告诉梁惠王如果不行王道，不实行真正的变革，仅靠小恩小惠是收买不了民心的。

学习也是同样的道理，非常之事必待非常之人，非常之时当有非常之举。最近网络上流传的现代版"凿壁偷光"——河南淅川高考学生小通、武汉方舱医院备战高考的杨逸飞，他们的事迹都在为我们诠释"拼搏"的含义。不怕同桌是学霸，就怕学霸过寒假。是"改良"地学，还是"革命"地学？一般的投入，只能有一般的进步，超常的投入才能换来超常的收获。努力到无能为力，拼搏到感动自己。在你度过了能感动自己的时光后，你想要的岁月统统都会还给你。

五、"听课"从修辞的角度讲是"借代"

"不拿群众一针和一线"不是说不要拿群众的针和线，而是说不能拿群众的任何东西。同样，"听课"的要义不仅在"听"，还要记、要想、要练、要说，做到课前有准备、课中有参与、课后有巩固、练后有反思，要调动多个感官参与学习。美国哈佛大学教育心理学家霍华德·加德纳的多元智能理论指出，人有多个智能中心，要充分发挥这些智能中心的积极性，改变单一的"听讲"模式，实现"听课"效果的最大化。学习效益金字塔也表明单纯地"听"，两周后学习效益的保持率仅有 5%。

六、规定动作和自选动作比重失调

二轮复习是提升能力和素养的关键时期，但并不是完全自主。有的同学喜欢单干，单干在某种意义上就是蛮干。完全脱离复习计划，难免会出现东一榔头西一斧头的情况，导致各学科分配时间不均衡，板块用力不匀称。达瓦孜表演者，他们能在数百米的高空钢丝上行走，甚至完成"童子拜佛""金鸡独立"等高难度动作，最重要的是平衡做得好。同理，文理要平衡，学思要平衡，听练要平衡。可以在完成规定动作的情况下，增加自选动作，固强补弱。身进课堂，心进课堂，紧跟，跟紧，不能身在曹营心在汉，更不能将网课当网游。

七、明确身份定位，理性看待成绩名次

学会悦纳自己、悦纳他人、悦纳环境，要能够心平气和地和父母、老师、同学交流沟通。同学们的身份是学生，主业是学习。说学习怎么可能回避成绩和名次？讨论学习和成绩本应理所应当，成绩和名次不能成为话题禁区，更不能成为话题雷区，只有勇于直面问题，才能解决问题。

八、登高必自卑，行远必自迩

灵感来自手感，刷题不能靠眼。真正的学霸，大多不是天赋异禀，而是滴水穿石，久久为功。做好常规，才能突破常规；做好平凡，才能不凡。有些智商比较高的同学固执地认为填空题、选择题没有技术含量，没有挑战性，不屑于做基础题，其结果往往是捡了芝麻丢了西瓜，甚至没捡到西瓜又丢了芝麻。高考既要求考生思维正确，也要求考生过程正确、结果正确。由浅入深、由易到难本来就是认知规律，反常规，效果自然会大打折扣。高考重视综合性创新性的考查，也注重基础性应用性的考查。

亲爱的同学们、家长朋友们，希望这篇文章能帮你们穿过迷雾，明晰方向，带着自信和力量追逐心中的梦想。

班级烟火气

郑州艾瑞德学校李建华校长说:"温度是教育的底色和力量,故事是教育的艺术和味道。"我想让自己班级充满人情味、烟火气,我想让每一个孩子扬得起头,挺得起胸,露得出笑脸。作为老班,可以陪他们哭,陪他们笑,陪他们书山跋涉,陪他们一起唱跳,陪他们披星戴月苦读,为他们收拾一地鸡毛。

2020年6月25日是端午节,为了不打乱高考备考节奏,学校在征求学生的意见后进行了调休,端午节这天正常上课。考虑到现在家长和学生节日的仪式感都比较强,在上过课后我去超市为学生买了粽子,加热后在晚上自习放学前带到教室,学生们开心地喊出:"一举高中(粽),金榜题名!"看着孩子开心的笑容,我也舒心地笑了。一个小小举动,缓解了孩子备考的压力,增加了班级生活的色彩和温情。

2020年7月4日,在全校召开毕业典礼后,我班也进行了毕业仪式活动。我为学生准备了从超市精心挑选的橙子,表达"心想事成"的寓意,并在每个橙子上制作了专属的高考祝福贴,上面除了我们的班旗鲲鹏图案和班级口号"云抟九万,水击三千,鲲鹏志远,奋北图南"外,还印有专属的祝福:"郑州市第四十七高级中学高三一班,真诚祝福某某同学2020年高考,心想事成,马到成功。"我还在学校附近的一家名为"福状元"的粥屋为每位同学预订了一份"状元粥"。几位在我班借读的同学需要返回户籍地考试,我也为他们准备了校徽和"祝福橙",通过快递将我和全班同学的祝福送达。

2020年,从4月5日到校为学生复课做准备到6月15日,两个半月的时间里,我清零了自己的社交圈,吃住在校,陪伴学生,只为学生平安高考。6月15日,当我走出校门在熊耳河畔拍下一张晚霞里的47中照片时,觉得她是那么的暖,那么的美。我班学生全部如愿升入理想的一本院校后,许多家长要向老师表达谢意,我在群聊里发了这样一段话:"各位家长好!在您收到孩子录取通知书阖家欢庆时,学校明天也将迎来2020级的小'后浪',老师不得不移'情'别'恋',本群无要事,不相扰。当高山托起小树时,是为了尽到自己的责任,并不是为了得到它的阴凉。大家致谢学校和老师的诚挚心意,我和老师们表示感谢;大家各种形式的谢师邀请,我们只能说:'谢谢您的心意,很抱歉。'道不尽声声珍重,默默地祝福平安。孩子们展翅高飞,我们原路返回。天大地大,有志四海征伐,山高路远,记得有空回家!"

第 6 辑

挺膺担当谱华章

2023届,我担任国宏三班的班主任。这一届学生在特殊背景下复习备考,故多誓言而少诗言。线下学习和线上学习频频切换,为班级管理带来前所未有的挑战。面对新情况,我和老师们担负育人责任,把握育人主动,创造性地开展工作,针对不同时段学生在理想信念、学习发展、生涯规划、心理健康、生活等方面出现的新问题,通过线上、线下集会及社交平台推文适时予以指导。本辑收录的几篇发言稿就是在此背景下所作。我们总结的"四动五感"①线上教学班级管理经验,取得了良好的育人效果,被郑州市教育局教学简报推介。

2023届,咫尺天涯别样情。

2023届高三年级成人礼现场

---

① "四动",即主动、活动、互动、行动,主动是破解困局的密码,活动是班级建设的核心,互动是密切情感的纽带,行动是梦想生动的依凭。"五感",即发挥班团组织使命感、构建自身目标感、增强集体归属感、营造学习仪式感、强化课堂互动感。

说给妈妈的"情话"

2021年3月8日这天,我班的午后红歌时间播放了阎维文演唱的《母亲》,我趁机给学生布置了一个小任务,要求学生写一段对妈妈感恩和祝福的话,我负责拍照把祝福转发给家长。马艺芳同学交过来的作业是一首图文并茂、情感浓郁的诗歌《我有一个秘密》,在征求她的同意后,我将这首诗歌发布在河南省张建涛名班主任工作室的对外宣传平台上,赢得众多读者点赞。

这件事情启发我要善于利用和把握转瞬即逝的教育契机,适度拉长教育链条,让教育成效惠及更多人。

我有一个秘密

我有一个秘密,
我想让世界上的每一滴雨,
都能落到我手心里,
永远淋不到你。

我有一个秘密,
我想让世界上的每一道彩虹,
都能照进你的心里,
永远都不迷离。

我有一个秘密,
我想把世界上每一抹亮色,
都装饰你衣裙,
永远都很美丽。

我有一个秘密,
我想把世界的每一朵小花,
都放入你的怀里,
香气会溢满鼻息。

我有一个秘密，
我想把世界上每一页书籍，
都送给忙碌的你，
告别忙碌后，
你会享受自己。

我有一个秘密，
我想把厨房里的食材与厨具，
都施以魔力，
让你可以稍稍休息。

我有一个秘密，
我想买下世界上所有的糖果，
甜甜又蜜蜜，
暖进你心里。

我有一个秘密，
我想让世界的每一处山川，
都能移动，
星辰宇宙也在你眼里。

我有一个秘密，
我想把所有美好所有幸福，
毫不保留全送给你，
漂亮的你，
可爱又让我着迷。

我有一个秘密，
我想将星星摘下，
再把它们点亮，
永远闪耀你。

我有一个秘密,
我想将自己也变成一个完美的人,
这样才能配得上,
世界上最好的你。

我有一个秘密,
这个秘密是一句美丽的心语,
那就是:
妈妈,我爱你!

2021 年 3 月 8 日

离歌有尽意难尽，纸短情长路更长

——2023届毕业典礼教师诗朗诵①

王艳红

（一）

（男1）六月话别平安道②，天若有情天亦老。

（男2）天若有情天亦老，月如无恨月长圆。

（女1）有人说缘分是最精美的书，字里行间的日子才是人生的至味清欢。

（女2）有人说陪伴是最长情的告白，我用三年时间陪你完成少年懵懂到青春睿智的蜕变。

（合）浅喜似苍狗只瞬息消散不见，深爱如长风任岁月流转变迁。

亲爱的，在这个分别的日子，

我把三年的如金岁月，缀成文字一篇，

我把三年的似水流年，排成诗行一串，

纸短情长，伴你一路前行，尽赏万水千山。

（二）

（男1）人生初见只如是，青涩少年似朝阳。

（男2）在那个16岁的盛夏，你走进47中，变成我的牵绊。

（女1）你羞赧的笑涡里盛满八月的阳光，

（女2）你漆亮的眼神里溢满少年的明朗。

（合）我们在最好的时光里遇见，

岁月有情，让我有幸和你结一段三年的尘缘。

三年的风雨晨昏，我见证你生命的拔节与茁壮。

（男1）每一个挥汗如雨的课间操，记录下你的步履铿锵。

（男2）每一版金光闪耀的光荣榜，镶嵌了你的努力坚强。

---

① 因为在特殊时期备考，所以2023届少诗言而多誓言，故借用毕业典礼老师的诗朗诵来弥补这一缺憾。
② 平安道，郑州市第四十七高级中学位于郑州市平安大道6号。

（女1）成人礼上你的青春肆意张扬，签名墙上你的字迹凤走龙翔。

（女2）当时时空远，我们咫尺曾天涯；网课情意长，我们天涯变咫尺。

（男1）最难忘，那些日夜相伴的日子，你在教室俯身耕耘远方，也在篮球场上捍卫班级荣光。

（女2）最难忘，那段相濡以沫的岁月，你的多才多艺消解了晦暗的心情，你的善解人意更让我看到青年的担当。

（合）我们走过难忘的高中，在最艰难的高三岁月也从来不曾慢待了梦想。可是亲爱的，今天我就要送你离开。

（女1）没有长亭古道，怡湖①柳惹皱一池碧水，圈圈是离情无限。

（女2）没有金樽薄酒，只有这絮语若干，说不尽你三年的滴滴点点。

（男1）今天以后，曾经朝夕相伴的你们，再也不会整齐地坐满整个教室。

（男2）今天以后，校园里再也见不到那个和流浪猫说话、看孔雀开屏的单纯少年。

（合）曾经的一切即将成为过往，

青春的校园，锁住青葱的岁月流年，

在每一个你远走他乡的午夜，

飘进你我的梦里，月色皎洁，夜夜流光。

（三）

（男2）大风起兮云飞扬，踏征程兮志四方。

（男1）既然青春的脚步注定勇往直前，

那就让我潇洒挥手，放你去搏击更广阔的蓝天。

（女2）天大地大，有志四海征伐；山高路远，记得有空回家。

（女1）这里有青草碧水憨鸭，天鹅孔雀繁花，

这里有窗明几净、墨韵书香、林荫小道，诗意徜徉。

（男1）不时驻足、俯首倾听，书窗外叶校长永远那么温和恬淡，

旁征博引、金句频传，集会时马校长的发言力透云天。

（女1）这里有语文老师的诗词曲赋，曾邂逅你心灵的高天流云。

（男2）这里有数学老师的抛物曲线，曾画出你青春的浮浮沉沉。

（女2）这里有英语老师的天外之音，曾扩展你生命的美丽年轮。

（男1）这里有物理老师的严谨，化学老师的浪漫，还有生物老师演绎的生命起源。

---

① 怡湖，校园里的人工湖。

（女1）你永远讲不赢的政治老师，（男2）你永远读不透的历史风烟，（女2）还有地理课上的山川河流、气象万千，（男1）还有艺术体育，美美甜甜。

（合）还有我，你的老班，陪你哭，陪你笑，陪你书山跋涉，陪你一起唱跳，陪你披星戴月苦读，为你收拾一地鸡毛。

亲爱的，山河广阔，任君漫游，无论走多远，这里都是你永远的家。

今天，在这里，

我送你离开去到千里之外，让我的牵念伴你一路月明云开。

我永远在这里对你翘首以待，历尽千帆为家国，归来仍是少年郎。

（女2）我送你离开去到千里之外，

（合）让我的牵念伴你一路月明云开。

（男1）我永远在这里对你翘首以待，

（合）历尽千帆为家国，归来仍是少年郎。

历尽千帆为家国，归来仍是少年郎。

高三，造就属于你的理想城邦

"奋斗是青春最靓丽的底色，全力以赴是青春最美的姿态。你的尊严不是藏在别人的恭维里，而是藏在自己的汗水里；你的未来不是藏在别人的祝福里，而是藏在自己的奋斗里。"在学生从高二转段高三的特殊时刻，为了对学生进行学习发展指导、生涯规划指导，让学生尽快转变身份适应新高三的学习生活，新高三年级举行转段誓师大会，本文为笔者在大会上的发言稿。

亲爱的同学们：

大家好！人生最值得珍惜的时光是高中，人生最拼搏的时段是高三，人生最难忘的是高考。寒窗苦读十余载，只待金榜题名时。高考令人关注、难忘，不仅因为它将是人生新阶段的开始，更因为它是"以梦为马，不负韶华"的最美时光。也许结局不一，但这段心有目标、为之努力的日子，终将成为一生的精神财富。也许多年后的你，终将明白：高考，考的不只是试题，还是在漫长的煎熬和众多挑战中的坚持。今天我想和大家分享一下我的高中、我的高三、我的高考。

高考可以说是我们那个时代追梦少年梦想的粉碎机、意志的碾压机。"知识改变命运，奋斗成就人生"的口号在那时没人喊，因为不管你有多高的雄心壮志，有多么美好的憧憬梦想，低得出奇的录取率让你认清什么才是残酷的现实。应届生能考上大学用"凤毛麟角""百里挑一"来形容绝对算不上夸张。我是1993年高考，拿到大学录取通知书后，村里还送了场露天电影表示庆贺。我还清楚记得高考后县里还在为专科突破百人大关敲锣打鼓（当时全县人口有五六十万），庆祝的条幅挂满了县城的大街小巷。

我校有一位很牛的学长在高中进行了"八年抗战"，他可以不用喊"报告"随意出入老师的办公室，还能在教工食堂打饭，后来才知道他竟然与英语老师是高中同宿舍的兄弟。那个时候没有什么焦虑，有的只是因为营养不良导致的脑神经衰弱；那时没有成人礼、百日誓师，有的只是静静的教室。那时打饭的地方不叫餐厅，因为卖饭的食堂就是用做操作间的几间平房。学生在露天的窗口外打饭，不管刮风还是下雨。吃饭是幕天席地，没有什么桌和椅。那时买饭不刷卡，饭票需要往食堂交麦子换取，由于仓储条件差，鼠患严重，在馒头里发现耗子粪便不是什么大惊小怪的事。蒸出的馒头，有时熟得不透，掰开还能扯出一缕一缕的<u>丝丝</u>。吃菜是奢侈的享受，大多同学的主菜是每周回家带回来的腌制的豆瓣酱、芥菜丝、腌萝卜和辣椒，每班教室外的窗台上都摆满了瓶瓶罐罐。这些"主菜"也很难坚持到周末，到了每周最后两天，我们常常用开水和蒜瓣就馒头下肚。青菜还是有的，附近群众剜出来的油菜苗会占据菜谱一段时间，夏天和入秋也会有豆角和茄子，吃到豆角炒虫子是常有的事，即便女生看到虫子也不会大呼小叫。最多的还是包菜，清水煮包菜的味道已经深深扎根在那个时代学生的味觉记忆里。以至于多少年后，同学聚会，说起高中生活，有个同学说到现在都不吃包菜，因为自己的胃已经对包菜有了条件反射和本能排斥。现在指导学生复习备考，我常常给他们说要加强营养，既要智能备考，也要体能备考。印象最深的是，当时高中几个要好的同学体重都不到100斤。

那时的宿舍，是几排红瓦蓝墙的起脊房，是电影里人民公社时代最常见的建筑。一个班一个宿舍，几十个人，上下两排大通铺。通风采光自然没有，更毋庸说空调、电扇、洗澡间。其实，我在宿舍住的时间并不长，只在冬天才住进集体宿舍，因为人多，挤着睡暖和。每年的春夏秋三季，我和其他几个同学住在教室里，当时的桌子是两个人一张那种，到晚自习后学生离开了，把几张桌子在教室后面一并，铺盖一放就入眠了。在教室睡有几个好处：一要睡得比别人晚，二要起得比别人早，三可以保护集体财产，虽然小偷是不会光顾教室的。头天晚上，我们要等到最后一个同学离开教室。第二天早上，我们要在第一个同学进班之前麻溜起床。三年下来，真的比别人挤出不少时间。教室前面有两个池塘，夏天一到，就是蚊子广场舞和音乐会展示季。有一次，听着外面的嘤嘤嗡嗡声音整夜不休，我误以为是哪一家夜间收麦子的收割机在响。

现在同学们最发愁的是资料多，林林总总，无所适从。那时最渴望的是每科能有一本印刷的资料。高中三年，用得最多的是油印卷子，老师把蜡纸附在钢板上一笔一画刻字，激光扫描复印是闻所未闻的高科技。最先进的是英语组有一台打字机，类似电影里的发报机，一个键一个字母，一张卷子下来，不知老师要敲多长时间。

高三，我最得心应手的是语文、历史、地理和思想政治这几科。做地理卷子时，它给出一片植被，我马上就能分析出来这是什么气候；它给出一个铁道叉，我马上就能判断这是哪个城市；地理卷子有错误我都能纠正过来。现在上课时，偶尔和学生聊起"迎风坡，降水多""气团偏转"还能赢得不少掌声。那时刚刚实行会考，历史课本里的重大事件自不必说，每页下面注释的内容我都能准确无误地背出来，会考时我的历史考了97分（满分100分）。

我最怵的是英语和数学。英语学习，在背诵单词的基础上，我采用了可以说是最笨的办法，那就是积累错题。高三全年，被用作错题本的作业本有一二十本。课间翻看错题本也是很惬意的享受，到最后我做选择题都是按照默写填空题做的，不要问我为什么，但我知道该选"A"或"D"。很长一段时间，我对英语的语法，包括时态、语态、虚拟语气、句子结构等一无所知，但顿悟好像就在一夕之间，可能这就是从量变到质变的道理。"一模"

时，我的英语还是 60 多分（满分 120 分），英语老师说我高考估计也就这水平了。高考成绩出来时，全校两个 80 分以上的，我是其中一个。

数学于我而言简直就是魔咒。我待数学如初恋，数学虐我千百遍。但是，数学是绕不过去的坎，我开始直面问题。从最简单的例题开始做，从两节课做不出一道题，到一节课做出两道题；从在同学讨论时附耳倾听到能解说一二，十个月的晚自习都给了数学。当自己从恐惧到有信心面对，再到完成基础题目，"千辛万苦"怕不足以形容当时对身体和心灵的磨砺。在攻克数学难关后，我在笔记本上工工整整写下"世上无难事，只要肯登攀。古之人不余欺也！"的感言。现在对学生说的"灵感来自手感，刷题不能靠眼，训练要形成肌肉记忆"的指导就是来自我切身的体会和经历。

睡得晚，起得早，不午休，天天泡在教室里，是我高三时的常态。由于坐的时间太久了，也可能是瘦的原因，以至于高考前的一段时间，臀部只要一挨凳子，就能感觉到骨头里传来钻心的疼痛。

做老师后，"授人以鱼不如授人以渔"的道理我自然懂得。我的高考经历让自己常想着授人以"娱"，希望学生能有更多快乐，不像我们那时备考那样枯燥；也常常希望授人以"愚"（踏实），希望同学们明白最快的捷径是脚踏实地、久久为功、滴水穿石。

现在，我当年就读的高中已经停止招生退出历史舞台。作为一个时代的剪影，它承载过许多人的梦想，也上演过许多故事，但是对我们而言，它是青春的印记。我们的高中，我们的高考，虽然回不去，却永难抹去。如果时光倒流，自己会怎样，我可以毫不犹豫地说：如果有机会，我愿再战高三，我愿再战高考。

一代人有一代人的使命，一代人有一代人的长征。习近平总书记连续 7 年的新年贺词始终贯穿着"奋斗"这个主题词。

2016 年：有付出，就会有收获。

2017 年：撸起袖子加油干。

2018 年：幸福都是奋斗出来的。

2019 年：我们都是追梦人。

2020 年：让我们只争朝夕，不负韶华。

2021 年：征途漫漫，惟有奋斗。

2022 年：踔厉奋发，笃行不怠。

亲爱的同学们，奋斗是青春最靓丽的底色，全力以赴是青春最美的姿态。你的尊严不是藏在别人的恭维里，而是藏在自己汗水里；你的未来不是藏在别人的祝福里，而是藏在自己的奋斗里。周国平说，人生中有两种情境最能检验人的灵魂和品质，一是成功，二是苦难。人生旅途，有顺遂就一定有挑战，有繁华就一定有低谷。身处繁华，要严于律己；

遭遇低谷，切勿自暴自弃。最近火遍全网的一首歌曲《孤勇者》里唱道："去吗？去啊！以最卑微的梦；战吗？战啊！以最孤高的梦。"高考路上，你可能会孤身走暗巷，我愿看到你永远不跪的模样；高考路上，你可能会对峙过绝望，我愿看到你不肯抹泪的倔强；亲爱的同学们，高三，你不借谁的光，自己要活成一束光，将未来照亮；高三，你要脚踏实地雄心万丈，造就属于你的理想城邦。

非常之事必待非常之人，
非常之时必待非常之举

有一种成功，叫永不言弃；有一种结果，叫荷花满塘。在高考倒计时100天来临之际，指导学生科学合理地安排好学习生活，有效疏导他们的思想与心理问题，帮助他们掌握切实有效的学习方法尤为关键。本文为笔者在2023届高考倒计时100天时的发言。

一、身体是"革命"的本钱

高三是在拼智力，也是在拼体力。强健的体魄，会增强你攻城拔寨、敢打必胜的信心。曾任北京大学校长的王恩哥对大学生说，人要结交"两个朋友"，一个是运动场，一个是图书馆；也要配备两个"保健医生"，一个叫运动，一个叫乐观。

苏霍姆林斯基在《帕夫雷什中学》第三章《关注健康与体育》中写道："良好的健康状况和充沛旺盛的精力是朝气蓬勃地感知世界、焕发乐观精神、产生战胜一切艰难险阻的意志的最重要的源泉之一。而生病、体弱、有疾病倾向则是众多不幸的祸根。我们逐年清楚地认识到，体力的充沛对于孩子的精神生活——智力、思维、注意力、记忆力和专注力起到决定性作用。"

充足的睡眠是身体健康的重要保证，8小时的睡眠应该得到保证。高中生晚寝也不能一味后延，最迟也要在晚上11点前就寝，加上中午1个小时的午休，基本可以保证白天学习的精力和效率。其实学生熬夜，也和白天学习效率不高、时间利用不充分有关。把主要精力放在白天，把主阵地放在课堂。

加强锻炼。要充分利用晨跑、大课间和下午课外活动时间开展适合自己身体特质的体育锻炼，实现脑力劳动和体力劳动的转换，实现学习效率的最大化。

营养均衡。不暴饮暴食，不偏食挑食，注意肉禽蛋奶蔬菜的合理搭配，注意营养摄入的均衡。吃得好，身体棒，信心足，成绩优。

二、心理强大

三年要练就一块肌肉——"心大肌"。积极的心态是太阳，照到哪里，哪里亮。消极的心态是月亮，初一十五不一样。同学们一定要学会悦纳，悦纳自己，悦纳他人，悦纳环境。简化、优化人际关系，摒弃零和博弈的思维，每一天都在愉悦中进步，都在快乐中提高。用包容的心态看待自己和他人成绩的变化。同学们的身份是学生，主业是学习。说学习怎么可能回避成绩和名次？讨论学习和成绩本应理所应当，成绩和名次不能成为话题禁区，更不能成为话题雷区，只有勇于直面问题，才能解决问题。

三、最好的朋友是"战友"

有人从学渣变学霸，有人从学霸变学渣。相同的起点，不同的终点，决定人生不同走向的因素固然有很多，但是成长过程中的同伴是不能忽视的重要一项。

2019年保研季已经结束，来自四川大学华西男2舍110寝室的6名男生，斩获了包括北京大学、上海交通大学、浙江大学、四川大学、中国科学院大学等名校的15份录取意向书。

探秘学霸宿舍的成功秘诀可以发现，他们是同学，是朋友，更是"战友"。第一，目标一致。"进一步深造是我们共同的目标。"对药学知识的热爱和对实验操作的渴望，让110寝室的男生们聚集到了川大"华西生物国重创新班"。第二，努力拼搏。"努力拼搏"是110寝室6名男生的共同爱好。每天早上7点起床，晚上11点回寝室，整天泡在图书馆里，有时做实验到凌晨3点。第三，彼此温暖。学习上不甘落后，生活上相互依靠，大家相互间早已充满默契，不只是舍友，110寝室的男生们更是彼此的"最佳拍档"。

"密友五次元理论"说，一个人的财富和智慧，基本就是5个与之亲密交往的朋友的平均值。物以类聚，人以群分。你是什么样的人，往往就会吸引什么样的人。结交良友，就是经营自己的人生。层次高的人会用自己的思想和爱好，影响到身边的人，和优秀的人在一起，你才会离成功更近一些。

升级圈子，先升级自己。既然是朋友，就要为朋友的未来负责。既然是"战友"，就应该目标一致，同心勠力。一辈子不长，愿你向阳生长，永远充满正能量。

四、灵感来自手感，刷题不能靠眼

不驰于空想，不骛于虚声。登高必自卑，行远必自迩。真正的学霸，大多不是天赋异禀，而是滴水穿石，久久为功。做好常规，才能突破常规；做好平凡，才能不凡。《中国教育报》在社交平台上"晒"出的清华学霸笔记惊掉了不少人的下巴。有些智商比较高的同学固执地认为填空题、选择题没有技术含量，没有挑战性，不屑于做基础题，往往会捡了芝麻丢了西瓜，甚至没捡到西瓜又丢了芝麻。高考考查既要你思维正确，也要过程正确，结果正确，由浅入深、由易到难本来就是认知规律，反常规，效果自然会大打折扣。高考重视综合性创新性的考查，也注重基础性应用性的考查。

五、非常之事必待非常之人，非常之时当有非常之举

网课期间，网络上流传的上演现代版"凿壁偷光"的河南淅川高考生小通为我们诠释

"拼搏"的含义。是"改良"地学，还是"革命"地学？一般的投入，能换来一般的进步，超常的投入才能换来超常的收获。努力到无能为力，拼搏到感动自己。在你度过了能感动自己的时光后，你想要的，岁月统统都会还给你。

六、荷花定律

什么是"荷花定律"？

在一个荷花池中，第一天开放的荷花只是很少的一部分，第二天开放的数量是第一天的两倍，之后的每一天，荷花都会以前一天两倍的数量开放……

假设到第 30 天荷花就开满了整个池塘，那么请问：在第几天池塘中的荷花开了一半？

是第 15 天吗？错！

是第 29 天。

这就是著名的荷花定律，也叫 30 天定律。不断煎熬，不断超越，不懈坚持，实现极致，于是才有了丰功伟绩，才有了人生中满池烂漫荷花。

有一种成功，叫永不言弃；有一种结果，叫荷花满塘。

高考的公平性体现在事在人为，天道酬勤。一分耕耘一分收获，功夫不负有心人，但播种和收获原本就不在同一个季节。急功近利是备考的大敌，脚踏实地是最快的捷径。所以，如果你确定自己的学习态度、学习方法、精力投入和心态状态方面都没问题，那就不必太苦恼，相信没有一个冬天不会过去，没有一个春天不会到来，守得云开见月明，守得池塘待荷开。

人生何处无考场？神笔在握做马良

高考或许不是一生最重要的事件，但奋斗却是一生中最重要的主线。本文为高考前夕，为了疏导学生心理，指导学生科学备考，应《教育时报》之邀为毕业年级学生写的一封信。

高三的同学们：

你们好！

高考是人生中的一场大考：这里面有选择题，看你是选择了拼搏还是放弃；这里面有填空题，看你是否把自己的努力真正地填进去；这里面有主观加分题，看你是否把时代的要求写进去。面对高考，每个人都要做神笔马良，绘就人生妙染。

面对加分题：泰然自若，与自己的时代狭路相逢

有人说："生活总有狂风暴雨突降，有时我们还没来得及反应，就已被浇得狼狈不堪。"就像这次网课，把正在集中精力备考的我们打了个措手不及。人无法支配自己的命运，但可以支配自己对命运的态度，平静地承受落在自己头上不可避免的遭遇。

詹青云说："使唐僧成为唐僧的，不是经书，是那条取经的路。"真正使人蜕变的，是被命运锤炼的过程。那些淋过的雨雪、受过的磋磨，终会拓宽你的胸襟，喂大你的格局。人在历经沧桑后，终会为自己穿上铠甲，坚定从容地过好一生。正如一般的炉火只能烧制砖瓦陶器，高温的炉火才能锤炼出上等钢铁。正如九曲黄河的奔腾不息，把困苦和灾难沉积于河床深处，把气壮山河的声响激荡在岁月的天空！

网课备考的日子里，有反思、有困厄，更有感恩、有信心、有未来。我们是经历者也是抗击者，我们应该向钟南山学习，学习他院士的专业、战士的勇猛、国士的担当。我们应该向"大白"学习，逆行而上，不负青春，不负时代！

莎士比亚说："让我们泰然自若，与自己的时代狭路相逢。"

面对选择题、填空题：生命只有干出来的精彩，没有等待出来的辉煌

有人说，有些危机不过是光阴长河中的一粒沙子，而拼搏与奋斗才是贯穿始终的流水。没有一个冬天不会过去，没有一个春天会延迟到来。就拿这次网课来说，我们不知道风起于何处，我们不知道雨止于何时，但是，我们唯有抓住"三此"（朱光潜先生语，见下文）这个最稳定的因素，才能获得满意的成绩。

20世纪30年代，著名美学家朱光潜，为自己郑重写下6个字：此身、此时、此地。

就是说凡自己应该做的事，决不推诿给别人；凡此时应该做的事，决不推延到将来；凡此地（地位、环境）应该做的事，决不等待更好的境地。

世界上最简单的事情是"想到"，最难的事情是"得到"，"想到"与"得到"之间的距离就是两个字——"做到"。与其用泪水悔恨昨天，不如用汗水拼搏今天。"人一能之，己百之；人十能之，己千之。果能此道矣，虽愚必明，虽柔必强。""感动中国2021年度人物"江梦南自幼双耳失聪，靠学习唇语和不懈努力考上清华大学博士，为了掌握一个发音，她要训练万次以上。2022年北京冬奥会短道速滑男子1000米冠军任子威，7岁接触滑冰，每次训练都是100圈起步。28岁的武大靖，却长着"50岁的脚"，这是因为他常年穿着冰刀鞋训练，导致脚部严重变形。被誉为"天才少年"的苏翊鸣，每天坚持6个小时的重复训练，甚至在一周内滑坏了4块雪板。

高考或许不是一生最重要的事件，但奋斗却是一生中最重要的主线。有一句话说得好，种一棵苹果树最佳的时间，一个是10年前，一个是现在。不要论证，要行动，要把你的梦想变成时间表、路线图、进度条。如果你不想认命，请选择拼命！成功就两个字：行动。

备考建议：慎终如始，做非常之人，成非常之事

要慎终如始，克服麻痹思想、"厌战"情绪、侥幸心理、"松劲儿"心态。

梦想要用汗水浇灌，成功要用坚持实现。持久的投入和付出会让笑话变神话。浙江大学原校长竺可桢，从1917年在哈佛大学读书时开始记日记，由于战乱，只保存了1936年到1974年2月6日的日记，共计38年37天，其间竟然一天未断。这些日记页页蝇头小楷，一笔不苟，共计800多万字，令人叹为观止。

掘井九轫未及泉，犹为弃井；胜利在望未全功，仍需努力。"四届老将"徐梦桃在2022年北京冬奥会自由式滑雪女子空中技巧决赛夺金圆梦，她说："我可能不是这个项目中最优秀的人，但我绝对是一个最能坚持到最后的人。"非常之事必待非常之人，非常之时必待非常之举。滴水穿石，久久为功，慎终如始，善做善成。

衷心祝愿你的2023，要雨得雨，要风得风，愿望生花，马到成功。

和你并肩迎战高考的老班 张建涛
2023年3月16日

70 天，成就荣光！①

高考的重要性，无需论证。高考在一天天地临近，部分学生出现一定程度的焦虑，原因在于自身的实力和理想中的学校还有距离，放弃吧，不甘心，努力吧，没底气。

有同学会有这样的疑问，溜走了 2 年多的时光，只剩 70 多天的时间，现在努力还来得及吗？

一、高考是动态的备考过程，现在努力是最佳时机

只要成绩是波动的，波峰就有出现的概率，现在努力就是最佳的时机。有一句话说得好，种一棵苹果树最佳的时间，一个是 10 年前，一个是现在。现在努力，既可以让你和梦想靠近，也能弥补过去荒废时光的缺憾。原红塔集团董事长褚时健，70 多岁二次创业，承包了哀牢山 2400 亩荒山中的橙子树，10 年后褚橙畅销大江南北，产值数亿元。与 70 岁创业的褚时健比，你说，现在努力，晚吗？

二、人生还在前半场，乾坤未定，一切皆有可能

高考是一生中的重大事件，但不是唯一的重要事件。如果从高考备考的角度来看，70 天是不太充裕，或许你会觉得无力回天，但是从人生的角度看，你不仅是在前半场，而且是刚刚起跑。如果你觉得没能很好把握备考是遗憾，那么你愿意这样的遗憾伴随一生吗？即便是从高考备考角度而言，仍然有将近一个学期的时间握在你的手中。你们的一位学姐，毕业那年，考上了天津外国语大学，大学期间不舍昼夜，顺利保研中国传媒大学，后来看到她在社交平台发文说，终于可以和小龚再做同窗了，小龚在哪呢？清华大学。这位学姐通过自己坚持不懈的努力考到清华大学读博士。高考或许不是人生唯一重要的事件，但奋斗却是一生中最重要的主线。

三、不要让问题成为"遗留问题"，更不要让问题成为"历史遗留性问题"

要视问题为存在，视任务为必须，视差距当不安，聚焦问题，解决问题，未来可期。不做"批评家"，争做"建筑师"。当你说数学不好、物理不好、语文不好时，除了认知定位，还要有解决方案。不能把这个判断从初中带到高中，从高一带到高三，从高三带到高考。有问题不可怕，可怕的是面对问题无动于衷，束手无策。2017 届的瑶瑶同学高三时不擅长写议论文，卷面书写也不太过关。高三的考试很频繁，第一学期她的每次作文基本

---

① 本文为 2023 届高考倒计时 79 天的发言。

上都是写两遍。考后她会拿着作文找老师批改，老师给出指导意见后，第二天她会将修改过的作文工工整整重新誊写一遍交给老师。持续的努力，持续的改变，一个学期过去了，她的作文和书写取得了质的飞跃，作文还经常作为范文出现，最终她以优异的成绩顺利考入中国人民大学。2020届的欣欣同学，从4月17日复课到7月7日高考，写了60多篇作文，最终高考取得656分的优异成绩。两位学姐的经验说明，滴水之所以能穿石，一是时间，二是聚焦一点。

四、改变一点就是改变全部，"饱和攻击"和"精准打击"同步实施

"70天提升60分，有没有信心？"你心里可能会说："痴人说梦，怎么可能？""10分呢？""嗯，这还差不多。""那好，我们就来提高10分，但是是每科提高10分。"有时你是被困难唬住了，其实它没有那么可怕。首先你的6个学科不是每个学科都很糟糕，每个学科不是每个板块都一塌糊涂。我们可以把60分分解到6个学科，把10分分解到某些知识板块，也就是说你只要解决某一知识板块的问题，你的学科面貌将大为改观，你的总分面貌将大为改观。甚至，只要在认真审题上、规范作答上用心一点，或许提高的就不仅仅是10分了。这样说来，60分也不是遥不可及。所以说，单单做到认真审题，每个学科多得3分—5分也不成问题。高三二轮复习，一要"饱和攻击"，灵感来自手感，刷题不能靠眼，要形成肌肉记忆；二要"精准打击"，使用"巡航导弹"，定点清除，补短板，祛顽疾。刷够套题就是"饱和攻击"，运用专题补偿训练就是"精准打击"。

五、用行动对抗外部的不确定性，用行动让自己更淡定从容

实践是最好的课堂，困难让人在磨砺中成长。要用自身最大的确定性对抗外部的不确定性。就像多变的天气，我们不知道风起于何处，我们不知道雨止于何时，我们唯有抓住最能把握的因素，减少或者避开风雨对我们的侵害。我们要用更加有序的生活节奏弥补被打乱的生活和学习节奏。我们要用更加理性和冷静的态度去面对突如其来的冲击，我们要用更强大的内心对抗失衡的外部世界，做到身体在岗、心理在位、状态在线。

六、网课不是躺平的借口，而是蓄势待发的风口

有同学说网课不过是光阴长河中的一粒沙子，而拼搏与奋斗才是贯穿始终的流水。没有一个冬天不会过去，没有一个春天会延迟到来。莎士比亚说："让我们泰然自若，与自己的时代狭路相逢。"

网课伴随我们从初三走到高三。2022年元旦期间，我们经历了12天的网课，每天早上5:40闹铃准时响起时，我会应声而起，洗漱过后，在群里召唤学生进入晨读，晚上10

点检查学生的作业提交情况；每天与几位同学通话，了解学生的思想学习动态；与任课教师沟通，了解班情学情。我不仅每天为学生上网课，还每天召开微班会，并为上届高三家长准备了一场题为"做智慧父母"的专题讲座，时长2个小时。同时，我的名班主任工作室连续推送7篇关于网课的文章，其中的《如何让网课变"网恋"？》还被多个官方的新媒体账号推介。这期间，也就是12天时间内，我带的5本教育方面的书已经读完3本。亲爱的同学们，行动才是最可感触的存在样式，才是驱赶空虚的不二法宝。扎实的行动可以驱走空虚，有效的行动会让自己更淡定。

郑州艾瑞德学校李建华校长说，管不了大海的澎湃，那就营造小溪的叮咚。我相信，没有一个春天不会到来，只有我们醒来，春天才属于我们。每一个人都要做一个积极的情绪劳动者，以高质量自律。在不确定的时代里，我们把学习作为最好的确定，把成长作为最大的坚定，输入决定输出，厚积才能厚发。烟火不灭，学习不止，要想天天向上，唯有好好学习。我们一起像鸟儿一样，飞向我们的山。

2023年到来的时候，我们经历了超长的跨年网课，我为大家分享自己的几周工作小结。

一周小结（11.21—11.27）

心在澎湃，何惧静默。

责任在肩，不负重托。

1. 精心准备每一课，精彩呈现每一课。完成周测改卷精讲。不负时光，不负梦想。

2. 读完一本书《古典之殇》。

3. 完成一次作文命题约稿。

4. 完成一次讲座（26日下午）。

5. 聆听两次讲座（24日晚、27日下午）。

6. 电话家访、视频问学近90%。

7. 完成一次主题班会。

8. 作业提交专项攻坚，不离不弃，不依不饶，数学、英语、物理、化学、生物作业当天提交率已达95%。

9. 落实年级会议精神：晨读看到脸，自习看到手。早读士气高昂，自习高效专注。

一周小结（11.28—12.4）

烟火不灭，学习不止。

天天向上，精进学习。

1. 保质保量完成常规教学任务，持续开展视频问学、电话家访。

2. 学生全面转入线上学习模式。

3. 实施作业提交100%计划，尝试延时陪伴。实施一周以来，数学、英语、物理、化学、生物作业当天提交率90%，第二天提交率100%。

4. 读完一本书《鲜衣怒马少年时2：唐宋诗章里的盛世残梦》。

5. 完成全新主题的创作《持续精进赋能，炼就五项全能》，并完成首场讲座。

6. 完成最具智慧力案例答辩反思《台上三分钟，台下十年功》。

一周小结（12.05—12.11）

网课不是躺平的借口，而是蓄势待发的风口。

生命只有干出来的精彩，没有等出来的辉煌。

1. 保质保量完成常规教学任务，持续开展视频问学、电话家访。

2. 参与完成联考监考，改卷。

3. 实施作业提交100%计划，坚持延时陪伴。

4. 读完一本书《读书——教师的第一修炼》。

5. 认真学习两场讲座：高考语文复习备考和全国教育学会班主任年会。

6. 完成一篇投稿《识"变"守"恒"，守"恒"答"变"》。

7. 为天下老班而歌，参与录制的河南班主任之歌《脚下就是远方》正式发布。

8. 工作思考：如何让家长补齐学生居家学习管理短板。

亲爱的同学们，错过比做错的代价大得多。如果你错过了太阳，请不要错过月亮；如果你错了月亮，请不要错过星星；如果你错了星星，千万不要错过萤火虫；如果你错过了2年，请不要错过这宝贵的70多天。世界上最简单的事情是"想"，最难的事情是"得"，"想到"与"得到"之间的距离就是两个字——"做到"，如果再加两个字，那就是——"坚持"。同学们，不要论证要行动，有行动，梦想才生动，请将你的想法变成时间表、路线图、进度条，向着目标奔跑吧！

因为——

70天大有可为！

70天逆势上扬！

70天成就荣光！

网课，如何让学生从"网游"变"网恋"？

如果说2020届的学生不易，2023届的学生更难。他们的中考在特殊时期度过，高考备考在特殊时期进行。原本平常的"面对面"变成了"屏对屏"，线上班级管理成了老师们共同面对的难题。我班的线上教学班级管理"让'网课'变'网恋'"经验被几个官方的新媒体账号推介。

> "请大家举起右拳
> 我宣誓：
> 一日之计在于晨，书声琅琅抖精神，
> 入班即读，激情投入。
> 让激情激发学习热情，
> 让激情唤醒王者心灵，
> 让激情点燃成功之梦。"

这不是在学校，这不是在教室，这是国宏三班学生居家学习的早读宣誓情景。

线上和线下教学的区别在哪？区别体现在方方面面，最显著的区别恐怕是线上教学的现场感不够。缺乏现场感，学习效果就缺少保障。学生在校的日子，每天的激情早读、激情跑操、激情红歌、无声自习、无声就寝、课堂互动、文娱活动、师生交流、生生交流让生活学习的现场感十足，正是这种强大的现场感，让学校成了一个充满磁性的能量场，每一个学生都在这个能量场中赋能成长。

如果最大限度地还原现场、创设现场，为学生创造身临其境的感觉，学生就不会成为"断线的风筝"，就不会让"网课"成为"网游"，线上德育、线上教学的效果就能得到最大限度保障。

如何还原现场、创设现场呢？

现场感体现在"仪式感"。文章开头就是我班的一个小尝试。我们班是年级的首批早读示范班，学生的早读热情很高。为了充分发挥示范引领作用，我们班早读做到：早读任务明确、早读仪式宣誓、早读晨语板书、早读状态评价、早读效果检测。仪式感的还原和创设从改变授课模式开始，原来直播课堂的授课模式改为视频会议模式，我会要求大家调整好摄像头，站立早读，有声早读，集体宣誓。大家可以看到同学们熟悉的面孔，听到熟悉的声音，原来每天黑板上的励志晨语改为在早读前推送给学生，激励自己，激发他人。

通过仪式感的营造，那个熟悉的三班又回来了。

现场感体现在"画面感"和"互动感"。学生在校生活是由一个又一个画面感十足的镜头组成的。学生的归属感一定是具体可感的，而不是抽象的。具体的做法是不需要大量板书和幻灯片的课，比如线上班会课、试题讲评课，以视频会议形式进行，变单项的信息输出为多向的信息交流碰撞，让线下真实的课堂情境再现。互动感还体现在课上课下的师生交流、生生交流上。老师正向引导、多样化的提问、及时点赞以及一些趣味感强、参与度高的非纸质化作业也能很好地实现互动，生物学科的米酒制作、语文学科的"超级演说家"活动、英语学科的配音比赛，让学生从"网游"变"网恋"，恋上线上学习，恋上线上教室，恋上线上班级。

现场感体现在"集体感"。华东师范大学的李伟胜教授认为，集体活动是个体发展不可缺少的关键因素。促进个体生命全面发展、改变人的生存方式的关键因素是群体交往和群体活动。正是这些关键因素，使学生的思维得以激活，而不是陷入固化；使学生个体的学习有了更强劲的新动力，而不是仅仅为了完成认知任务；使高级的心理机能得以发展，而不至于停留在孤独的更低层次的心理活动……进而开发出充满生命活力的发展资源。

意义感受（我理解的"意义感受"就是学生的使命感、责任感、荣誉感、归属感）可以激发学生的生命豪情，提升学生的内驱力。意义感受从何而来？主要产生于自己投入群体活动的与主观体验有关的特殊生活情节（情节记忆）。缺乏群体活动、缺乏"情节记忆"、缺乏意义感受、缺乏"自我提高的内驱力"，也就难以实现"有意义的学习"，也会让学生"没了自我"。

线下学习改为了线上学习，如何开展高品质的集体活动获得"情节记忆"呢？其实还有一个简便易行的办法就是激活"情节记忆"。可以把运动会、校歌班歌比赛、班级文化建设比赛、英语风采大赛、新年联欢会等活动的视频和图片不定期地发送到班级群，重新点燃大家的激情，激发大家对集体的荣誉感、归属感。

现场感体现在"组织感"。班级组织、班级活动、班级文化是班级建设的三驾马车。要想让班级队形不乱、队伍不散，线上学习要加强组织建设。充分发挥班委、团委、课代表、小组长的作用，层层委以重任，给这些同学使命感、责任感。分配"任务"就是在分配"信任"，分配"信任"就是在分配"责任"。这种形式能有效调动负责人的积极性，也会相应地调动组员的积极性，能解决老师在线上管理时心有余而力不足的问题，也能打通线上管理的"最后一公里"。

如果能做到这些，相信就能让学生身体在线、思想在线、状态在线，"网课"将不再是"网游"，甚至"网课"还能升格为"网恋"。

若相托，永不负

刘子震妈妈

2023届高三年级成人礼后，班级适时召开了家长会，本文为刘子震妈妈在家长会上的发言。刘子震妈妈回顾了三年之中班级建设的点点滴滴，表达了对孩子成长的鼓励和对学校、老师的感激。

刘子震妈妈在成人礼暨百日誓师活动现场

敬爱的老师、亲爱的同学和家长朋友们：

大家下午好！

今天来参加学校为同学们举办的成人礼暨百日誓师活动，共同参与见证这个意义非凡又令人终生难忘的时刻，我的心情无比激动。在此，为同学们送上我诚挚的祝福，并向为同学们身心健康成长倾注了无限爱心、深情、智慧和汗水的校领导和老师们表示衷心的感谢！

三年前，源于一份信任和期待，我们把孩子郑重地托付给47中，时间悄无声息地流淌着、记录着、见证着……三年来，作为家长，我们密切关注学校的每一次成就，关注孩子的每一次进步，我们和学校、和孩子一起成长。我们以心为伴、共担风雨，共同见证拼搏的汗水、收获的喜悦、成长的快乐，我们一同经历并见证了无数温暖与感动的时刻。

"若相托，永不负"，张建涛老师用近千个日夜的坚守，完美诠释着他的承诺。操场上，同学们迎着朝阳奔跑，步伐坚定、意气风发，"国宏三班，志比金坚，牢记使命，奋北图南"，响亮的口号，铿锵有力，催人奋进；教室里，同学们举起右拳宣誓，"特别有志向、特别爱学习、特别有礼貌、特别守纪律、特别有作为、特别能胜利"，激情豪迈，斗志昂扬。晨读时的书声朗朗，是最动听的交响乐；自习课的奋笔疾书，是最励志的纪录片；班会上的豪言壮语，是最响亮的青春宣言；联欢会的说、学、逗、唱，是最飒爽的时代少年；开学前寝室楼晾晒的被褥，是47中最美的风景；学习中，老师们辛勤的耕耘，是47中最暖的情怀。成长中的谆谆教诲、网课中的默默坚守、家长会的耐心讲解、班级群的温馨分享……三年来的点点滴滴，串起我们今生最值得珍藏的美好记忆。是47中的领导和全体教职工用爱心和责任心为孩子们铸造起知识的殿堂和温馨的家园，为孩子们奉献全部的力量和情感。

　　三年来，我们欣喜地看到孩子们的成长：由稚嫩变得成熟，由懵懂变得理性，由张扬变得沉稳。我们有幸在孩子由少年迈向青年的关键时期，走进47中这所既重视知识学习，又重视情感和人格教育的学校，有幸遇上这样有理想信念、有道德情操、有扎实学识、有仁爱之心的校领导和老师们，你们是学生锤炼品格、学习知识、创新思维的引路人。近千个日子的相伴，学校、老师、学生、家长建立了深厚的感情，感谢三年来学校领导、老师对孩子们的亲切教导、细心呵护和精心培养！感谢你们三年来用自己辛勤的劳动换来同学们的进步和成长！谢谢你们！老师您辛苦了！

　　今天，在距离高考100天的日子里，学校为同学们举办成人礼，意义非同寻常。成人意味着同学们拥有了更强健的体魄、更冷静的头脑、更坚定的信念、更顽强的意志、更重大的责任、更光荣的使命、更勇敢的担当、更严格的自律。

　　十二年的学习生活就像一场马拉松比赛，如今，终点线就在眼前，同学们一定感到压力很大，紧张和累是目前每个人正常的状态，但是同学们不要怕，最后的冲刺，拼的就是顽强的意志。越到艰难处，越是磨炼人，此时此刻，最可贵的是信心，最需要的是斗志，同学们一定要保持坚定果敢的勇气和坚韧不拔的决心，保持"咬定青山不放松"的韧劲儿，"越是艰险越向前"的拼劲儿，盯紧目标、保持节奏、坚定信心、增强斗志，以争分夺秒的加速度提升应对大考的能力。青春的色彩在于奋斗，带着信心和力量，在青春的赛道上奋力奔跑。艰难困苦，玉汝于成，每一个勇毅前行的足迹中，都饱含着奋斗的艰辛，在磨难中奋起，在大考中淬炼，在拼搏中成长，用青春的脊梁支撑起国家、民族、老师、家长的殷切期望，用青春的拼搏定格下奋力奔跑的时代印记。

　　"犯其至难而图其至远"，向最难之处攻坚，追求最远大的目标。"路虽远行则将至，事虽难做则必成"，只要有愚公移山的志气、滴水穿石的毅力，脚踏实地、埋头苦干，就一定能把宏伟的目标变为美好的现实。

"于高山之巅，方见大河奔涌；于群峰之上，更觉长风浩荡。"同学们，面对未知的前方，保持青年的朝气和无所畏惧的勇气，相信所有的努力都不会被辜负，所有的坚持都会有收获，怀揣梦想抵达心中的远方，你将成为自己的万丈光芒。

无论成败，无论结果，你努力过、付出过、拼搏过，就不会有遗憾，将来的你一定会感谢现在拼尽全力的自己。虽说不是所有的梦想都能实现，但所有的努力终会开出绚丽的花朵。

只有这样，当你们合上笔走出考场的那一刻，才会有侠客收剑入鞘的骄傲。到那时，无论分数多少，你们都是最让老师倍感欣慰的学生，都是最值得父母骄傲的孩子，都是祖国最无愧于时代的优秀青年。同学们，加油！

最后祝愿老师、同学和家长朋友们一切都顺利！所得皆所愿！

第 7 辑

我心有声言作桨

"做自己喜欢的事，就快乐；喜欢自己做的事，就幸福。只要你有心，在教育这片平凡而美丽的土地上，到处都能种出最灿烂的花朵，收获最香甜的果实。"

"一滴水只有放进大海里才永远不会干涸，一个人只有当他把个人追求和集体事业融合在一起的时候才能最有力量。"

"我只是一滴水，注定不会惊涛拍岸，撼人心魄；我只是一名教师，注定不会惊天动地，技惊四座。我只愿做好教师的职分，守望初心，尽心尽力，尽职尽责。我只愿做一条常流常新的小溪，简单快乐，且行且歌。"

"耕耘不问收获，自有一路花香，只要初心不忘，脚下就是远方。"

如果说心声在此岸，共鸣在彼岸，而演讲无疑就是帮助小船凌万顷之茫然到达彼岸的船桨。本辑选取了在2021年全国中小学班主任示范培训班、学校全体教职工大会、"弘扬践行教育家精神"郑州最美教师巡回报告会和国家级宏志班教育教学研讨交流会上的四次发言，以言表心，用以表达我对教育的理解和认识。

躬身入局内化沉淀，赋能成长登高望远

——在2021年全国中小学班主任示范培训班上的发言

尊敬的各位领导、各位专家、各位同仁：

大家上午好！

学院天高云淡，教室其乐融融。

香山秋色正好，永珊①意兴正浓。

我是第二组的学员张建涛，受第二组老师的委托向大家做汇报发言。我来自全国文明校园——河南省郑州市第四十七高级中学。作为河南省名班主任工作室主持人，能在这个金风送爽的季节，同大家一起分享学习的收获，我感到非常激动；作为一名普通教师，能在这段美好的日子，同大家一起憧憬祖国教育美好的未来，我感到十分荣幸。下面我将结合工作实践和河南省名班主任工作室创建活动向大家汇报。

我分享的第一个关键词：感谢。

感谢教育部基础教育司和国家教育行政学院为我们搭建学习观摩的平台、阐释教育理念的讲台、展示教育智慧的舞台，让我们深度学习德育原理，认知成长规律，补齐理论短板，提升业务素养，从德育高原迈向德育高峰。

我分享的第二个关键词：触动。

各位领导、老师们，国运兴衰，系于教育；三尺讲台，关系未来。世上很少有像"教育"这样的事业，与民族的强弱息息相关；世上很少有像"教育"这样的事业，承载着千万家庭的希望和梦想；世上很少有像"教育"这样的事业，需要用爱心和智慧去塑造人的心灵。"教育是事业，事业的意义在于献身；教育是科学，科学的价值在于求真；教育是艺术，艺术的生命在于创新。"作为事业的教育需要我们的奉献和付出，作为科学的教育需要我们的探求和实践，作为艺术的教育需要我们的智慧和灵感。时代呼唤德能双修的高素质教师。五天的培训让我们增强了使命感和责任感，提高政治站位，坚持师德第一标准，丰厚理论素养，生长实践智慧。新时代，我们要回答好"为谁培养人""培养什么人""怎样培养人"的核心问题，面对新的要求我们要做到政治强、情怀深、视野广、思维新，争做眼里有人、心中有爱、肩上有责、手中有艺的"大先生"。

我分享的第三个关键词：感动。

---

① 永珊，国家教育行政学院永珊厅。

学高为师，身正为范。赋能成长，才能成就彼此。新时期的教育面临着新的发展机遇，"互联网＋"背景下的教师也时刻面临着新的挑战。大数据、云平台、核心素养等新理念新手段对教师素养提出了更高的要求。我们要躬耕教坛，虚心求教，做孜孜不倦的学习者；我们要以身立教，为人师表，做崇高师德的力行者；我们要育人育心，满腔赤诚，做无怨无悔的奉献者；我们要勇立潮头，追求卓越，做教育创新的探索者和实践者。每一位参训学员都十分珍惜宝贵的学习机会，无论是培训间歇、茶余饭后，还是散步用餐、秉烛夜谈，不错过每一个精彩，不落下每一个瞬间。听课，记录，反思；提问，回答，复盘；精彩，难忘，震撼；触动，行动，向前。植根教育沃土，秉持同一信念，为党育人、为国育才、立德树人，使命在肩。虽然大家市情、校情、班级情，情情不同，但我们爱心、诚心、求索心，心心相连。这群人，拒绝"躺平"，突破瓶颈，登高望远；这群人，躬身入局，内化沉淀，精彩破圈。

我想分享的第四个关键词：活动。

活动是促进学生发展的关键途径。刚才基础教育司德育处荣雷处长讲到，德育工作要下慢功夫、真功夫、细功夫。每一项德育活动，我们都会精心谋划，倾力投入，极致表达，完美绽放，深度发掘，持续发力。耿耿园丁意，拳拳育人心。甘守三尺讲台，争做"四有"老师。坚守教育理想，做最好的自己。我曾经在一首给学生的诗中写道："每个人都有一个追梦故事，用心，用情，用力，用智，努力到感动自己。每个人都有一个坚守，我的坚守，就是坚守教育的理想，做有未来的教育，无论现在还是过去，尽职尽责，尽心尽力。"种桃种李种春风，守秋守夏守芳华。肇始于热爱，守望于责任；肇始于责任，守望于使命。伟大来自坚守，坚守成就伟大。有心栽花花自开，无心插柳柳无荫。坚持聚焦在主航道，抵制一切诱惑；坚持不走捷径，拒绝机会主义，踏踏实实，滴水穿石，久久为功。

我们会用爱心去温暖每一个学生；用细心去关注每一颗心灵；用责任心去完成每一个教育使命。我们会用一棵树摇动另一棵树，用一朵云推动另一朵云，用一个灵魂唤醒另一个灵魂。

我想分享的第五个关键词：行动。

教育之难，难在转化；教育之苦，苦在转化；教育之成，成在转化。课程虽然结束，学习仍在继续。我们要把专家的智慧转化为自己的思想财富，把自己的思想财富转化为实践动能，把实践动能转化为有形成果，把有形成果转化为创新理论。

相聚为了成长，分别为了一方。理念蓬勃，文化向上；梦想蓬勃，精神向上；姿态蓬勃，行动向上。聚是一团火，散作满天星。耕耘不问收获，自有一路花香，只要初心不忘，脚下就是远方。我们决心从点亮一间教室开始，将一方的天空照亮。

谢谢大家！

滴水之思

——在2017年6月4日全体教职工大会上的发言

各位同事大家好：

在这么多优秀的同事面前做这样一个演讲，我的内心充满忐忑，与优秀的各位相比还有很大距离，正如《邹忌讽齐王纳谏》里所说："明日徐公来，孰视之，自以为不如；窥镜而自视，又弗如远甚。"我感觉自己只是一滴普通水滴，那么普通，那么平凡，但是我是那么幸运，这滴水融入了47中这片汪洋大海。

我想给大家分享几个关键词，第一个关键词就是：滴水融海。

一滴水只有放进大海里才永远不会干涸，一个人只有当他把个人追求和集体事业融合在一起的时候才能最有力量。2017年5月30日大河网推出的《5月31日晚"涛哥"教你如何决胜中考》在朋友圈内被广泛传播，2015届的一个家长转发留言说："教育部门的评价赫然在墙，孩子们那段激情岁月历历在目，家长们交流流露的敬佩铭记于心。"另一个家长说："张老师是我们的好朋友，学生的大恩人。"这篇文章一天的阅读转发量突破15000人次，我深知这不是我的影响力，就如中央电视台的广告语所言，"国家平台成就国家品牌"，那么多的人阅读和转发，那么多的人慕名而来，不是因为我，而是因为47中这个宽广而高大的平台。山登绝顶我为峰，不是骄傲自己把泰山踩在了脚下，而是感谢泰山的托举成就了自己的高度。我感到很幸运，我这滴普通的水滴因为融入47中这片海洋才有了美丽的浪花；我感到很幸福，能够与语文组这个和谐奋进、包容大气的团队中的兄弟姐妹朝夕相处；我感到很满足，能够在班主任这个爱岗敬业、智慧奉献的团队里进步，有机会向经验丰富的老师学习，能够与充满活力富有才华的老师交流。真的，能够与优秀的你们在一起真好。

我想和大家分享的第二个关键词是：心如止水。

"结庐在人境，而无车马喧。问君何能尔，心远地自偏。"我们生活在一个充满诱惑的时代，也生活在一个充满喧嚣的时代，但是还是要清楚自己最需要的是什么，自己能做成什么，才能在喧嚣中守住心中的清风明月。要做一个幸福的教师，就必须常怀一颗宁静的心，恪守着自己精神世界的高贵，坚守教育者那份特有的真诚与虔诚。大凡优秀教师，都是内心宁静而又富有激情的教师。布克说，奴隶是建不成金字塔的。只有幸福的教师才能培养、造就幸福的学生，只有快乐的教师才能让学生快乐、健康。教师要做播撒幸福的使者，耕耘快乐的园丁。拥抱快乐，把幸福掌握在自己手中。尊重自己，悦纳自己。要给别人带来快乐，自己首先要是快乐的人。爱岗乐业，教师的心态决定着事业的高度，决定着民族的未来。现在就职于广州的萱萱发短信说："传道是润物无声的细雨，授业是红烛点亮的黎明，教诲是心血凝成的甘露，叮咛是思想敲击的风铃，批评是责任托起的彩虹，怒斥是关爱变奏的雷鸣，呵护是含芳带露的春雨，引领是漫漫长夜的神灯。"学生的理解与肯定更让我深知作为教师责任重大，使命光荣。当首届国宏班班长入职国家部委时，当考入清华大学的小帅入选国庆60周年大典群众方队时，当2012届的班长静静同学获评"大学生自强之星"时，当2015届的团支书欣雨入选杭州G20峰会志愿者时，当毕业于华中科技大学就职于某知名通信公司的壮壮辞职参加"美丽中国"支教项目时，我再次感受到坚守的价值与意义。

做自己喜欢的事，就快乐；喜欢自己做的事，就幸福。只要有心，在教育这片平凡而美丽的土地上，到处都能种出最灿烂的花朵，收获最香甜的果实。

我想说的第三个关键词是：滴水穿石。

我经常对学生说，走向成功最大的捷径是脚踏实地，走向成功最大的保障是滴水穿石。2006年初到47中时，开学典礼上我说："在47中这面满载荣耀与辉煌的旗帜下，让我们放飞梦想。47中是放飞梦想的地方，也必将是梦想成真的地方。"2009年，我用这段话回应了当初的承诺。还记得，首届国宏班组建，第一个班会主题是"我爱我班"。晓婉同学说："如果说我爱我班，我想说我爱六班①。"当时我就暗下决心一定要把一班打造成全校、全市乃至全省最有凝聚力、战斗力的集体。踏平坎坷成坦道，笑谈荆棘等浮云。2009届，栗红涛老师做年级主任时，我担任班主任的国宏班交出了令人满意的答卷。韩永帅成为河南省第一个拿到清华大学录取通知书的同学，其后，中国人民大学、南开大学、上海交通大学、中国科学技术大学、同济大学、哈尔滨工业大学，还有武汉大学、中山大学、国防科技大学……看着一张张通知书、一张张笑脸，我也舒心地笑了。2012届，张大鹏老师做年级主任，我任教的二班以优势成绩获得省宏第一，为我校"一本"录取线以上人数跃居郑州市省级示范性高中前列作出了突出贡献。2016年该届学生集体回访母校时，已有多人考上中国科学院等名校的研究生，班长康佳静获评"大学生自强之星"并保研至中山大学。2015届，韩清波老师做年级主任，我任教的三班再次保持省宏第一，为我校"一本"上线率实现高质量增长立下功劳。2017届我所带的省宏三班发展全面，成绩优秀，被中共河南省委高校工委、河南省教育厅评为"河南省文明班级"。言传不如身教，我相信常规的力量，相信天道酬勤。我对自己的评价是水平不高、能力不强，但是还有做事的热情和坚持到底的韧劲。我要用自己的身体力行让自己的学生和身边的朋友明白业精于勤、功

---

① 六班是晓婉同学分班前所在班级。

成于细，滴水穿石、成在坚持的道理；明白精心谋划、倾力投入、极致表达、完美绽放的道理。

勤奋工作，简单做人。我在每一届都开展了一项研究、一项探索：2009届的心理疏导，2012届的励志养成，2015届的家校合作，2017届的主题德育。2017届高三第一次家长会后，我们就开始实行周日下午3点返校；倒计时100天，我们启动了倒计时周和每天宣誓活动；倒计时30天，我们的黑板报主题是"勇者战高考、智者胜高考"；倒计时20天，我们用"激情澎湃，六月花开，倾力投入，极致精彩"激励自己；倒计时10天，我们的黑板报主题是"奔跑吧，兄弟姐妹！"。在6月4日（高考是6月7日）同学们喊出了"信心百倍，斗志昂扬；破釜沉舟，铸我辉煌"的誓言。高考倒计时100天我们还在做加法，我们选了2016年里约奥运会女子排球1/4决赛、半决赛、决赛的视频激励大家，倒计时20天开始做减法，我们用综艺节目《朗读者》和电影《摔跤吧，爸爸》舒缓学生心理压力。

成功不可能是急功近利的模仿，梦想不可能是人云亦云的追随。真正能够有所成就的人，都是那些对自我有清醒的认识、对目标有独自选择能力的人。他们相信"滴水穿石，久久为功"，在踏踏实实的坚持中摆脱了平庸，塑造了他们的与众不同。

我要说的最后一句话是：君子之交淡如水。

虽说我教语文，但我并不喜欢煽情，乍见之欢，不如久处不厌。我崇尚清清爽爽、简洁明了、无欲无求的关系。之于单位、之于同事、之于朋友、之于家长、之于学生，不要附带过多的名利羁绊，不要附带过多的情感心债，不让投入和付出戴上回报的枷锁，就如高山托起小树的时候，不是为了将来获得阴凉。做事，源自纯粹的热爱，就足够了。不因一点小事，把自己当成他人一辈子的大恩人，不因一点分内事，把自己当成单位的大功臣。2016年的12月21日，冬至，我想着很多同学没回家，就给他们买了几十份饺子，后来有家长知道了这件事，他们很感动，要把饺子钱补上；我说三年的师生，一辈子的朋友，朋友之间谁还不请谁吃顿饭呀，家长们才作罢。后来有学生在群聊里说："是时候向班主任赔罪了，就算雾霾使城市倾倒，班主任给我们怀抱。"

我只是一滴水，注定不会惊涛拍岸，撼人心魄；我只是一名教师，注定不会惊天动地，技惊四座。我只愿做好教师的职分，守望初心，尽心尽力，尽职尽责。我只愿做一条常流常新的小溪，简单快乐，且行且歌。

谢谢大家。

弘扬践行教育家精神，引领学生高质量发展

——在"弘扬践行教育家精神"郑州最美教师巡回报告会上的发言

尊敬的各位领导、亲爱的老师们：

大家好！

今天我汇报的题目是《弘扬践行教育家精神，引领学生高质量发展》。

新时代的教师特别需要精神的感召和引领，需要激发坚守讲台、潜心育人的内在动力，需要锤炼"躬耕教坛、强国有我"的理想抱负。第39个教师节前夕，全国优秀教师代表座谈会在京召开。习近平总书记致信全国优秀教师代表时强调，大力弘扬教育家精神，为强国建设、民族复兴伟业作出新的更大贡献。总书记深刻阐述了教育家精神的核心内涵：心有大我、至诚报国的理想信念，言为士则、行为世范的道德情操，启智润心、因材施教的育人智慧，勤学笃行、求是创新的躬耕态度，乐教爱生、甘于奉献的仁爱之心，胸怀天下、以文化人的弘道追求。教育家精神是对中国数千年教育传统和新时代教师精神的高度凝练，更是新时代教师和教育工作者的行止参照，精神归依。

一、乐教爱生，甘于奉献，时光可亲，岁月可恋

我想让自己的班级充满人情味、烟火气，我想让每一个孩子扬得起头、挺得起胸、露得出笑脸。作为老班，我可以陪他哭，陪他笑，陪他书山跋涉，陪他一起唱跳，陪他披星戴月苦读，为他收拾一地鸡毛。

新生入校，我为学生准备迎新气球、棒棒糖，日常评价实行班级奖状和奖章制度，端午节我们一举高"粽"，毕业季为学生送上"状元粥"、心想事"橙"和带有"985""211"数字蜡烛的毕业蛋糕。外出学习或者讲课，每到一地我总不忘给学生带些小零食：昆明的鲜花饼、重庆的小麻花、青岛的小海鲜……为了增强学生体质，我们打雪仗、堆雪人、跳大绳；为了疏导学生心理问题，我们开展同心鼓、班级卡拉OK、草地音乐会等活动。爱是教育的底色和力量。我们的班级生活多彩多姿，充满欢声笑语、诗情画意。

2017届的学生在成人礼后留言道：

十八岁的时光
是最美的时光
十八岁的我们

是最好的自己
谁在懵懂之时遥想未来
谁在垂暮之年将青春追忆
幸而
遇到了最好的你们
在最美的时光里

在最美的时光里，从教29年，我始终如一坚守的信念是"一个都不放弃，一直都不放弃"。2020年，全省4月17日高三复课，我从4月5日到校做复课准备，直到6月15日，两个多月的时间里，我清零了自己的社交圈，吃住在校，陪伴学生，只为学生平安高考。6月15日，当我走出校门在熊耳河畔拍下一张晚霞里的47中照片时，觉得她是那么的暖，那么的美。这一届，我班学生全部升入理想的一本院校，许多家长要向老师表达谢意，我在群聊里发了这样一段话："各位家长好！在您收到孩子录取通知书阖家欢庆时，学校明天也将迎来2020级的小'后浪'，老师不得不移'情'别'恋'，本群无要事，不相扰。当高山托起小树时，是为了尽到自己的责任，并不是为了得到它的阴凉。大家致谢学校和老师的诚挚心意，我和老师们表示感谢；大家各种形式的谢师邀请，我们只能说：'谢谢您的心意，很抱歉。'道不尽声声珍重，默默地祝福平安。孩子们展翅高飞，我们原路返回。天大地大，有志四海征伐，山高路远，记得有空回家！"

如果说2020届的学生不易，2023届的学生更难。他们的中考在特殊时期度过，高考备考在特殊时期中进行。原本习以为常的"面对面"变成了"屏对屏"，线上班级管理成了老师们共同面对的难题。面对新的挑战，我总结出"四动五感"管理经验，"四动"，即主动、活动、互动、行动，主动是破解困局的密码，活动是班级建设的核心，互动是密切情感的纽带，行动是梦想生动的依凭；"五感"是发挥班团组织使命感、构建自身目标感、增强集体归属感、营造学习仪式感、强化课堂互动感。郑州市教育局教学简报和几个官方的新媒体账号向广大一线教师推介我的让"'网课'变'网恋'"管理经验。我每天坚持电话家访、视频问学，从每天早上6点的视频早读到晚上10点的自主学习，自习课我一节不落，全程陪伴，做到不急不躁，不离不弃，从"1"对"50"，坚持到最后的"1"对"1"。我还利用节假日开始单车家访，走进一个个家庭，走进一个个孩子心里。2022年暑假，我利用到商丘师范学院讲课的机会对商丘籍学生崔雅琦进行了家访。家长感动地在家校群里留言："冒酷暑授业师生，传博学身教为灯，呕心沥血育新苗，历届葳蕤硕果丰。"这个孩子是我们班录取的最后一名学生，7月22日凌晨查到录取结果后她激动地向我报喜："老师，我录了，郑州大学！……感谢老师三年的细心栽培和永不放手。"2020届我们践行了"我将我无，不负青春"的誓言，2023届我们用"全力以赴，舍命相搏"护送学生全员"上岸"。

工作中总有一种感动让我泪湿双眼，总有一种鼓励让我一往无前。2023届一位学生家长说："张老师您好。看到我们学校开放日消息，想想赵博翔来郑州47中上学，转眼三年过去了。很幸运遇到了您，为了赵博翔，您付出很多。他的弟弟赵博源也很期待来郑州47中，在您的班级里学习，为此，赵博源也很努力在学习。他现在在金水区农科路小学上六年级，希望他之后能在您的指导和教育下，考取好的'985''211''双一流'大学。"后来我编了一期推文，名为《小宝儿六年级还没毕业，就要预约哥哥的高中，这也太"卷"了吧》，并在按语中写道："有一种认可叫47中值得……"，没想到家长纷纷跟帖："47中值得，47中非常值得……"

2023年教师节到了，毕业学生家长祝福感谢的信息纷至沓来，都是在感谢老师三年的用情用心用力。

高畅剑妈妈说：

"一直以来，有很多感谢的话想说，但说得不够好。幸运的是我们有47中这个优秀的学校和国宏三班这个优秀的群体，我们有张老师的舍命相护，才有了孩子们这个结果，感恩老师。"

高前程爸爸说：

"少年遇名师，乃一生之幸！感恩47中，感恩张老师，感恩各位任课老师。孩子们带着老师们的叮嘱和期望迈进高校，力量无穷！回想三年来，以张老师为代表的各位老师的付出，家长们真情流露，眼睛有点湿润。高考只是一个节点，未来的人生路很长，希望张老师能保留此群并继续指导他们。征途漫漫，共赴山海，一路生花，精彩无限，因为遇见国三，孩子们才有更开阔的人生，家长们才拥有更多期待与幸福！"

陈圣元妈妈说：

"感谢张老师辛苦的教导，您从未放弃任何一个孩子，感谢您在三年风雨中温暖陪伴，坚定前行。是国宏三班的良好氛围让孩子们信心百倍、斗志昂扬，是国宏三班的温暖情怀让孩子们明白爱别人就是爱自己，国宏三班是最具有活力和凝聚力的团队。感谢张老师！感恩47中！

愿孩子们传承国宏三班的团结进取、拼搏奋斗精神，不负师恩，不负青春，努力开创美好未来！

从来没有一个群这样温暖，从来没有一个群这样热烈，从来没有一个群这样亲切……千万人中相遇已属不易，三年师生情深更是缘分，感恩幸运，感谢有您！未来可期。"

教育应该是温暖一生的故事，寄托一生的梦想，感动一生的情怀，执着一生的信念，成就一生的辉煌，炮烙一生的记忆。

为什么我的眼里常含泪水？因为我对这份事业爱得深沉。

二、胸怀天下，以文化人，春风化雨，润物无声

宏志班是国家的"西部开发助学工程"，也是我校的特色和品牌。泰戈尔说，使鹅卵石臻于完美的，不是锤的打击，而是水的载歌载舞。教育如诗，要让爱国心、强国志、报国行成为每一届宏志生的自觉追求，就要把胸怀天下、以文化人的弘道追求落实在春风化雨般的滋养和熏陶中。

我把期望融入诗篇，我让情感流淌笔端。从2006年起，我尝试用诗歌为学生写寄语。

我为考入北京大学的成立同学写的寄语是：

成事本在志坚定，立身应需德才重。天生慧质惹人羡，不让须眉争上峰。三年勤苦何所惧，蟾宫折桂谁与同？

我为考入中国人民大学、入职国家部委的班长刘博写的寄语是：

立德博学宏图展，志存高远天地宽。征途漫漫风尘卷，雁行天际飞在前。知识能力共看重，似锦前途脚下延。修身治学成大器，笑看人生二百年。

我为直博浙江大学的2020届同学李嘉祺写的寄语是：

嘉树芝兰阶前立，吉祥幸福相伴行。三年勤苦何所惧，蟾宫折桂谁与同？

我为保研浙江大学的2020届同学马一鸣写的寄语是：

立下鲲鹏志，不与燕雀同。千里岂为遥，一鸣不须惊。

从2006年到2023年，17年的时间里，诗歌寄语成为我与每届学生的彼此珍惜。

教育是一项能够听得到回声的事业。"2018中国十大科技新锐人物"刘果用一首藏头诗《教育诗者张建涛老师》表达对我的敬意。

每学期为学生写首小诗，每天为学生写条晨语。从2021年6月3日到2023年6月5日的700多个日子里，每天的励志晨语成了我班的精神闹钟。春风化雨，润物无声。一块黑板、一个群聊都成了学生精神成长的园地。

每逢节气，我们的黑板上会写："能深耕，敢破局，懂坚持。春雷响，万物长，今日惊蛰。""夏早日初长，追梦圆梦好时光！今日立夏。""秋天的别名叫收获。""星光不问赶路人，时光不负追梦人。时令'小雪'至，正是少年读书时。""5·20"这天，我们的黑板上写着："吾爱国富强，吾爱校荣兴，吾爱志高远，吾爱身体健，吾爱学有成。""9·18"这天，我班的晨语是："勿忘昨天的苦难辉煌，无愧今天的使命担当，不负明天的伟大梦想。铭记历史，砥砺前行，强国有我，振兴中华。"四季晨语，晨语四季。新的一届，我们仍在继续……

三、启智润心，因材施教，精神共长，守望相依

2015届是让我感动满满的一届，2015年6月9日，我班召开以"郑州47中，我们今生守望相依的交集"为主题的家校联谊会。在长达4个小时的活动中，由老师、家长、学生共同朗诵的长诗节选最能表达我们的心声。

1314，
不过是普通的数字，
一生一世，
是赋予她的最新含义。
因为三班这个集体，
我们要守望相助一辈子，
……
让三班成为我们一生中，
永恒的话题，
让三班成为我们一生中，
最温暖的回忆。
我爱三班，
1314，
我爱你们，
一生一世。

我常常在想，如何让带过的每一个班级成为今生守望的交集？雅克·马利坦说："教育的目的应在于：借助知识、智慧和爱，使个体获得精神解放……提升学生的心灵层次。"因材施教，启智润心。除了寄语和晨语，我和学生在共绘一幅图、共唱一首歌、共看一部剧、共写一篇文中悄然完成了精神生长之旅。

每个人的心中都应该飘扬一面旗帜。我们的班旗该是什么模样？优秀传统文化为我们

带来灵感。北冥有鱼，其名为鲲，化而为鸟，其名为鹏。绝云气，负青天，待六月，将图南，鲲鹏形象让一班人心驰神往。"云抟九万，水击三千，鲲鹏志远，奋北图南"寄托了我们顽强拼搏的决心和对未来的憧憬。就这样，鲲鹏成为我班的精神图腾。

一段青春，如果没有歌声，这段青春不会有太多回忆。歌声就是心声，歌声代表着对班级的认同。给每一届学生一首专属的歌曲，给每一届学生一段专属的记忆。"咱一班的人，有啥不一样，只因为我们肩负宏志班的荣光……"军旅红歌《咱当兵的人》改编成了我们的强班战歌。

优秀文学作品和影视作品对一个人影响是深远的。高一军训我们通过《我是特种兵》增强学生纪律意识；高二收看《世纪之约》让学生明白"细节决定成败"的道理；高三收看《恰同学少年》让学生树立"肩负天下、我辈有责"的使命感和责任感。网课期间，我们在革命历史题材电视剧《跨过鸭绿江》中获得前行动力，《长津湖之战》《上甘岭之战》让我们的班级热血激荡，斗志昂扬。

风声雨声读书声声声入耳，家事国事天下事事事关心。网课期间，我录制"爱国担当，成就大我""奋斗有我，不负时代"的主题演讲，通过云升旗仪式凝聚广大师生的爱国热情；复学第一课"我与祖国共成长"被推送至学习强国平台，建党百年主题班会"坚定信仰跟党走，火热青春献祖国"、开学第一课"致敬英雄，成才报国"被河南省教育厅推介，我们在工作室宣传平台上定期推出的"少年同学说"栏目也受到关注；在习近平总书记视察红旗渠的第二天，我们开展"弘扬红旗渠精神，做时代新人"主题征文，近千名学生踊跃参加。

四、心有大我，至诚报国，内化于心，外化于行

"心有大我，至诚报国"是我和学生共同的理想信念，也是我和学生共同的行动指南。壮壮是首届国宏班学生，从华中科技大学毕业后，他入职深圳一家著名通信公司做工程师，两年后他从公司辞职，到云南保山九条沟小学做了志愿者。

从深圳到乡村，从工程师到支教老师，他的选择是出乎很多人的意料的。他说，道不坐论，德不空谈，自己是宏志生项目的受益者，现在是用实际行动回报社会的时候了。他说："愿理想主义的火焰永不熄灭，愿每个青年都能活成自己想要的模样。""愿我们都能在20多岁的年纪，做一件80岁时想起来还会微笑的事。"

我找到了当年写给壮壮的寄语：

学如登山必有苦，细品方知苦后甜。壮壮自是不一般，立志就在山峰巅。
山登绝顶人为峰，海到尽头天作岸。海阔天空任我翔，现实理想紧相连。

壮壮所在的国宏班在高考取得了骄人的成绩，一大批同学考入清华大学、中国人民大学、上海交通大学等名校。在他们毕业十年之际，已有34名硕士、6名博士（博士后）。

我为孩子们取得的成绩而骄傲，更为他们成为有责任、有担当的合格公民而自豪。每一届的学生就像小树苗一样，我希望他们的根扎得深一点，干长得直一点、高一点，我希望自己的学生不但身心健康、学业有成，更要信念坚定、理想高远。

目前，"宏图报党恩，志远为国强"已经成为历届宏志生的自觉追求，"特别有志向，特别爱学习，特别有礼貌，特别守纪律，特别有作为，特别能胜利"已成为历届宏志生熔铸的精神烙印。

求学牢记爱国心，学成不忘报国志。"心有大我，至诚报国"的理想信念在一届又一届学生心中扎下了根，发出了芽，开出了花，结出了果。如今，不到而立之年的他们，有在美国获得博士学位、入职西安交通大学的正教授、博士生导师；有在香港城市大学帮助团队全球首创陶瓷4D打印技术并获得多项美国专利、入职中国科学技术大学的特任教授、博士生导师；有从牛津大学学成归来报效祖国的博士。山村支教、国庆大典、上海世界博览会、杭州G20峰会，到处都有宏志生的名字；国家部委、科研院所、卫星发射基地，到处都有宏志生的身影。

耕耘不问收获，自有一路花香，只要初心不忘，脚下就是远方。首届国宏班学生在毕业10年之际为母校赠送的牌匾中写道：

霜雪之洁励其品，岱宗之高崇其志，潭壑之深勉其学，大地之博厚其德。

2012届学生在毕业10年之际用"厚德育人"表达对母校深深的感激。

在学生学业有成的同时，我也收获了郑州市最美教师、郑州市首届教书育人楷模、河南省优秀教师等荣誉。

尊敬的各位领导、亲爱的老师们，"躬耕教坛，强国有我"。作为河南省名班主任工作室主持人和河南省普通高中学生发展指导导师工作室主持人，我将一如既往大力弘扬践行教育家精神，争当"四有"好老师，志做学生"四个引路人"，和一届又一届的宏志生一起把教育变成美丽的诗行，把脚下变成无尽的远方。

谢谢大家！

做最笨的鸟

——在国家级宏志班教育教学研讨交流会上的发言①

尊敬的各位领导、各位同仁：

大家下午好！今天我发言的题目是《做最笨的鸟》。

江苏省锡山高级中学原校长唐江澎说，今天的教育，不谈升学率是没有今天的，但是只谈升学率我们的民族会失去明天；不谈升学率是没有地位的，但是只谈升学率我们的教育就没有品味；不谈升学率走不动，只谈升学率，我们的教育走不远。没有升学率就会被边缘化，但只有升学率的教育肯定会被庸俗化。

教育在挣扎中寻找平衡，在矛盾中找到希望。

雅斯贝尔斯在《什么是教育》中告诉我们："对理念的纯然空想使人迷失在梦幻泡影中"。要紧的是把我们脚下的每一步都同我们追求的理想联系起来，只有不让遥远的地平线在我们眼睛里消失，我们脚下才会迈出有意义的一步。

我们不掩耳盗铃，我们不讳疾忌医，我们高度关注人的全面发展，我们也高度重视学业的高质量增长。于高中而言，在保障身心健康、品行端正的前提下，成绩是最大的尊严和荣光。尊严来自实力，实力来自持久努力。我们的班级共识是：

立场坚定、旗帜鲜明抓身体，抓成绩；

立场坚定、旗帜鲜明抓团队，抓个体；

立场坚定、旗帜鲜明抓德育，抓管理；

立场坚定、旗帜鲜明抓养成，抓纪律。

纪晓岚在《阅微草堂笔记》中说："心心在一艺，其艺必工；心心在一职，其职必举。"走捷径的，最后都走了弯路。搞投机的，最后都掉进了陷阱。那些最后"封神"的人，都不是世俗意义上的精明人。

我们愿意在工作中下笨功夫，下大功夫。

有人说，可以用21天养成一个习惯。我们愿意用200天，乃至1000天来养成一个习惯。《礼记·中庸》有言："人一能之己百之，人十能之己千之。果能此道矣，虽愚必明，虽柔必强。"

我们愿做最笨的鸟，飞跃最高的峰，走最难的路，看最美的风景。

---

① 本文为2024年10月作者张建涛在郑州市第四十七高级中学国家级宏志班教育教学研讨交流会上的发言。

2021年，我通过演讲答辩获得第11届"河南最具智慧力班主任"称号。很快，"智慧力"就遭遇了挑战——2023年春节期间长达百天的超长网课。当时我采取了最笨的办法——全程陪伴。卧室的飘窗就是我的讲台，小马扎就是我的座椅。每天早上6点到晚上10点，一天不落，一节自习课不落，自习课从"1对50"上到"1对1"。网课结束后，我采购的第一件物品就是一张小书桌。网课期间我做到了不欠学生一节课，不落学生一个早读和晚自习，不敷衍任何一节课和任何一次试卷评讲。做到不离不弃、不依不饶，视频问学、电话家访，延伸陪伴。这段经历让我一度很是自嘲，我竟然把班主任这个技术活硬生生地干成了体力活，"最具智慧力班主任"的终极比拼竟然是体力。等到全体教师舍命相搏，护佑学生全员"上岸"，家长纷纷表达对学校和老师的诚挚感谢时，我又有了新的感悟：真正的智慧力首先是投入最充足的体力，只有这样才能保证技术不变形，智慧能生成。智慧力还体现在注意力。你的注意力在哪里，结果就在哪里。主业为主，在主业上舍得下力气才是真正抓到了点子上。智慧力还体现在执行力。想都是问题，做才是答案。不惰一分之光，不懈一寸之功，不弃一介之生，不隙一指之缝。干好体力活，干好绣花活，干好本职活。把根扎在课堂里，把根扎在学生中，把根扎在备考中。多做一套题，多关心一个人，在学生中才能捕捉契机，在学生中才能发现问题，在思考中才能找到路子。

在中央经济工作会议上，习近平总书记强调了工作的方法："'致广大而尽精微'是成事之道。""干事业做工作大方向要正确，重点要明确，战略要得当，同时要把控好细节，把政治经济、宏观微观、战略战术有机结合起来，做到谋划时统揽大局、操作中细致精当，防止因为'细节中的魔鬼'损害大局。"

天下难事必作于易，天下大事必作于细。尼采说，一切美好的事物都是曲折地接近自己的目标，一切笔直都是骗人的，所有的真理都是弯曲的，时间本身就是一个圆圈。教育具有长期性和反复性，所以我们下大力气，做小事情，上高境界。对既定的目标和关键事件要抓具体，具体抓，反复抓，抓反复，持续跟进，不断优化，直至达成。

叶小耀书记说，投入越多的人创新能力越强。工作中我们认识到：主动是破解困局的密码，活动是班级建设的核心，互动是密切情感的纽带，行动是梦想生动的依凭。我们用革命的乐观主义描绘愿景，用最清醒的现实主义聚焦问题，用有形的学习促进有效的学习，用规则的规范促进规范的行为，用集体的建设建设强大的集体。

在实际工作中，我们要肩负育人责任，把握育人主动，提升育人能力，关注育人成效。

今年暑假，我班做到每天励志晨语，每周亲情厨房，线上提交作业，共看励志演讲。我做了5次线上视频问学，和任课教师一起做了6次线下家访。

关系具有疗愈性，有好关系才有好教育。节假日我们走进学生家里，也走进学生心里。

暑假和国庆假期，我和任课教师走访了9位同学，在第一次月考中，除一位同学因为身体原因缺考，其余8位同学中有7位同学取得了进步。

国宏班的学生培养，既需要心有大我、至诚报国宏其志，以文化人、启智润心铸其魂，乐教爱生、甘于奉献润其心；也需要聚焦问题，深耕细作，敢于死磕。与自己死磕，与任务死磕，与困难死磕，与短板死磕，与懒、散、慢、拖死磕。我们既能用一束鲜花的鼓励成就金牌寝室，也能用校规校纪让问题寝室"脱贫"；我们既能用一棵树摇动另一棵树，我们也能让一个灵魂唤醒另一个灵魂。

水滴之所以能够穿石，一是时间，二是聚焦一点。

工作中总是要抓住一些点，这些点可能是难点、痛点、热点，也可能是切入点、出发点、转折点、关键点、生长点。抓住点就可能抓住了育人的线，这些线可能是明线、暗线、主线、底线、红线、高压线，也可能是质量线、生命线、风景线。

有目标的人在奔跑，没有目标的人在流浪。生命只有干出来的精彩，没有等待出来的辉煌。在为河南省第三批、第四批名班主任工作室主持人做讲座时，我说过这样一段话，引起了大家的共鸣："迈出第一步，很难；迈好每一步，更难；坚持迈好每一步，难上加难。但是，我们迈出的每一步，都是在离开原点，都是在朝着理想的殿堂登攀。"

保罗·格雷厄姆说，在大多数领域，与决心相比，天赋被高估了。时间长了，决心就是你的天赋。

做个理想主义者，在泥淖里呼唤明天；做个天真烂漫者，在浮世间且笑且歌；做个独立思考者，在纷乱中清醒自持；做个勤勉践行者，在崎岖中坚定前行。

我们的尊严不是藏在别人的恭维里，而是藏在自己汗水里；我们的未来不是藏在别人的祝福里，而是藏在的自己奋斗里。《孤勇者》里唱道："去吗？去啊！以最卑微的梦；战吗？战啊！以最孤高的梦。"前行路上，可能会孤身走暗巷，也可能会对峙过绝望，但我们选择不肯抹泪的倔强；我们自己要活成一束光，将未来照亮；我们要脚踏实地雄心万丈，造就属于47中人的理想城邦。

第 8 辑
扎根沃土心向阳

王开东老师说，有的路是用脚走，有的路，要用心去走；绊住脚的，往往不是荆棘石头，而是心；所以，看起来路铺展在眼前，实际上是心扑腾在路上。

　　程红兵老师说，老师的成长在于内在的建构：总有一份责任驱使自己不断向上，总有一份良知驱使自己不断努力，总有一份情怀驱使自己永不言弃。

　　成长有主动成长，也有被动的、任务驱动型的成长。

　　学习永远进行时，成长永远在路上。做教师，就要在教育沃土上不断向下扎根，不断向阳生长。

凡为驱动，皆为成长

2018年5月23日，郑州市公务员大讲堂在市教育局大会议室如期举行，我应邀做了三个小时的"做智慧父母之伴随成长"专题讲座。来自全市各系统的两百多名公务员参加了讲座，讲座获得热烈的反响，圆满完成了上级领导交办的任务。结束时很多家长朋友还围拢着我探讨孩子成长的话题。这次讲座让我也收获良多，成长很多，提醒自己从"父母""老师""同伴"等多个角度审视与孩子的关系。

这是一次"命题作文"，在接到市教育局下达的讲座任务后，我先明确讲座定位，作为一线教师讲家庭教育要与社会上的教育专家有所不同：一是不能搞噱头，不拿社会上极端的案例来诱导和误导听众；二要尽可能给家长提供一些普适性强、具有规律性、可借鉴模仿的经验；三是理论要落地，让教育理论与鲜活丰富的实践案例相结合。然后理清讲座思路："对谁讲？""讲什么？""怎么讲？""怎么才能讲出彩？"最后明晰讲座内容：一是父母的角色定位；二是把握孩子成长的节律；三是召唤与应答——构建和谐的家校关系。

备课的过程并不轻松，首先是"化一为万"的论据搜集工作。我认真学习习近平总书记关于家庭教育的论述、全市中小学德育工作会议精神，阅读十多本关于家庭教育的论著：《论语》《梁启超谈教育》《帕夫雷什中学》《教育常识》《陶行知教育名篇》《聆听着的教育》《面向个体的教育》《世界著名教育思想家陈鹤琴》《家风》《学会聆听》《世界上最好的教育》等，其中《教育常识》《世界著名教育思想家陈鹤琴》我完整读了三遍，做了三遍笔记。对《人民日报》《中国教育报》《人民教育》《河南教育》《中国德育》等期刊报纸，我也都做了相应的阅读和记录。备课的过程也是学习提升内化的过程，梁启超的《趣味教育与教育趣味》《论小说与群治之关系》让人茅塞顿开，李政涛的《教育常识》《聆听着的教育》让人脊背发汗，陈鹤琴对儿童天性的精要论述让我如醍醐灌顶……

初期，我做好课件后发给相关的专家，听取指导建议，后来在论据选取和表现方式上又做了颠覆性的调整，对许多内容进行了删减调换。看着千辛万苦搜集来的论据、图片被一个个换掉，我着实心疼。但是"宁缺毋滥，不典型，难生动"的道理我何尝不懂？"万中取一"的工作最终让讲座主题鲜明、论据充实典型、论证有力，成为自己期待的样子。

"每呈现必经典，每登台必精彩"是我对班主任工作室成员的要求，当然也是对我自己的要求。为更好把握讲座时长、节奏、效果，我主动和年级主管主任沟通，获得了一个向高一全体文科教师做现场汇报的机会。汇聚众智，集思广益，我在会后听取了多名老师的点评意见，对讲座内容进行再加工，再修改。经过几番雕琢，讲座轮廓、重点、笑点、泪点、领悟点逐渐变得清晰，我对讲座的效果有了更高的心理预期。

这次讲座也让我对教师的专业成长有了进一步的思考。

人的成长有主动的、内生型的成长。郑州市第四十七中学教育集团叶小耀校长说："自能的过程就是自厚的过程，让师生具有主动创造精神，使之能做事、会发展，是学校教育的最高境界。"我把总结当成工作自觉，每一届结束，无论有无汇报需要，我都会梳理三年的工作点滴。2009届《与学生一起成长》、2012届《给学生终生难忘的教育》、2015届《生命只有干出来的精彩，没有等待出来的辉煌》、2017届《老班，请允许我为您代言》都是在为每一届工作做总结。

人的成长也有被动的、任务驱动型的成长。当接到任务时，要有"首战用我，用我必胜"的决心和信心。2016年在河南师范大学培训期间，我接到培训办彭小洪老师下达的任务，把自己关于班级管理的想法、办法、做法整理成了"做智慧的班主任"系列讲座；应河南财政金融学院之邀，为"河南省高中教师全员培训引导发展计划示范性项目高中生物学研修班培训"整理了"做一名智慧型的教师"专题讲座；根据学校德育研讨会的需要，整理了"做一名成长型的教师"分享内容；根据学情需要，做了"指向精读的复习备考""非常之事必待非常之人，非常之时必待非常之举"的专题讲座。不管是班会公开课，还是高效复习示范课；不管是骨干教师培训，还是招生宣讲，每一个富有挑战性的任务都是一次宝贵的历练提升的机会，都是一次蜕变成长的机遇。

叶小耀校长在阐述学校文化发展规划"一厚两向四重"时说："向上生长和追寻，向下扎根与积累。"这是学校文化的发展路径，这又何尝不是个人成长的路径呢？

太爱惜自己羽毛的鸟儿飞不远。喷泉之所以美丽，是因为它有压力；瀑布之所以壮观，是因为它没有退路；滴水之所以穿石，是因为它永不放弃。

凡为驱动，皆为成长；凡为驱动，皆为成就。

中年莫学……

70岁还能做什么？含饴弄孙乐享天伦，还是棋牌茶社消磨时光？至少大多数人认为职业生涯应该画上圆满的句号了，但一位老者的事例颠覆了我的认知。

最近看了著名特级教师余映潮老师2018年的总结，强烈震撼到了自我感觉良好的我，也让我倍感羞愧。余映潮老师2018年发表各类文章约60篇，讲了174节公开课、150余场讲座。他说："2018年，72岁的我，整年劳作，风尘仆仆，少有歇息。不断面临新的挑战，不断进行顽强的创新，不断地独立行走于天南海北。我仍然上大量的课，写大量的文章，批改大量的作业，评点大量的课堂教学，讲大量的学术讲座。'量'大，才有力量：这是我喜欢的自己创造的警句。""莫道桑榆晚，为霞尚满天"当是余老师最好的写照。这让中年的我深感惭愧，以至于无地自容、无比汗颜，以至于不敢自视。

有志之人立长志，无志之人常立志。反观自己，让多少梦想停留在口头上，把多少计划留到明天再实施。参赛优质课早已没有了勇气，制定的阅读书单一再延期，想做的课题因为畏难选择逃避。人到中年不免油腻，甚至有些佛系，不知不觉中变成最不愿看到的自己。一个声音萦绕在耳际："哆啰啰，哆啰啰，寒风冻死我，明天就做窝。"听明白了，这是上小学时语文课本上寒号鸟的声音。

借口永远都是为需要它的人准备的。没有时间，不过是给懒散的自己找的借口。王开东说，有的路是用脚走，有的路，要用心去走；绊住脚的，往往不是荆棘石头，而是心；所以，看起来路铺展在眼前，实际上是心扑腾在路上。

程红兵老师说，老师的成长在于内在的建构：总有一份责任驱使自己不断向上，总有一份良知驱使自己不断努力，总有一份情怀驱使自己永不言弃。

"向泥土深处扎根，向云端高处生长。""人生没有彩排，每一天都不会重来。做个行动派！"我把推送给学生的晨语也送给自己。

成尚荣先生在《人生无暮年》中写道："人生无暮年不仅是对老年人的劝慰，也是对年轻人的真诚提醒、教导和召唤。年轻人还在活泼的青春状态之中，却有少数人会呈现45°状态——半躺半坐，只想稍微做做，能挣点小钱就行，不想全身心劳动，缺失了奋斗精神、奉献精神。45°青年已经处在暮年状态。躺平、好逸恶劳、坐享其成，是青春期的社会病毒，是人生意义之大敌。"

是该把题目补充完整了：《中年莫学寒号鸟》。

指缝间的珍珠

过硬的基本功让我们不仅能站上三尺讲台，也能站稳三尺讲台，更能站好三尺讲台，站赢三尺讲台。

2017年清华大学教职工粉笔字比赛和陕西师范大学教授十几年坚持用毛笔写录取通知书的新闻在朋友圈内被广泛传播。说到清华大学，可能我们首先想到的是人工智能、信息技术、基因工程等高精尖学科专业，导师的身影出现在重点实验室似乎更符合想象。其实清华大学需要高端的实验台，也需要普普通通的讲台，老师也需要具备粉笔字、简笔画这些过硬的基本功。陕西师范大学连续十几年请老教授和在职教师为新录取的大学生用毛笔手书录取通知书，展示的是师者的硬功夫、真情怀。河南大学董长纯教授说语文老师要做"六一居士"，要有"一肚子好学问、一副好口才、一手好文章、一笔好书法、一套好方法、一颗爱心事业心"。

业务是老师的立身之本，提升业务能力的关键在学习储备。教师是最应该学习的一个群体，要永远保有对学习的热望、对知识的敬畏。教师是集领路人与探路者身份于一身的人，担负着将一枝梅花变成整个春天的使命，如果知识不能及时更新，将会是一件令人不敢想象的事情。

任正非曾提出学习世界先进企业的三部曲：先僵化地学，再优化地学，然后固化学习成果。还没学就想着去否定，还没学成就想着去变化，实在不是聪明的办法。学习先进经验就要拿出学习的态度，拿出学习的行动，从表及里，从易到难，从形式到内容，一步一步学起来。

说到学习，从积极的角度说，老师要用业务成就自己；从消极的角度说，老师要用业务拯救自己。我对"尊敬"一词的理解是，学生尊重的是师德高尚的老师，而学生佩服的是才华横溢的老师。中国有句俗话，"你得有两把刷子。"做教师，做教育，就得像一个出色的魔术师，能变出颗颗雪白的珍珠。我不由得想到曾读过的一篇文章《藏在指缝间的珍珠》。

朋友是魔术师，他在我面前摊开双手空空如也。

"你想要什么？"他笑吟吟地问道，"珍珠行吗？你不是一直梦想有一条珍珠项链？"

朋友稍作准备，表演就开始了。光溜溜的手，灵巧的手，变幻莫测的手，恍然之间，雪白的珍珠就从指缝间噼里啪啦落下来，大珠小珠，满地乱滚，逐一拾起，正好穿成一串项链。

魔法的施展，离不开准备：准备珍珠，就变换出珍珠；准备彩球，就变换出彩球。巧妇难为无米之炊。我反思，生活亦然。漫漫红尘之中，培养善果，就收获欢乐；埋下祸根，就咀嚼痛苦。当有一天，我们深怀喜悦，拾拣生活的彩色珍珠时，那绝非偶然，而是我们饲养多年的蚌的回赠。

教育亦如此。精心培育学生，就收获教育的硕果。当有一天，我们深怀喜悦，拾拣教育的彩色珍珠时，那绝非偶然，而是我们学生的回赠。

关键事件

关键期里实现了关键发展的教师，有孕育为名师的可能。北京十一学校原校长李希贵认为，相当一部分名师是因为在入职期里经历过"关键事件"，受到"关键人物"的影响，甚至受到一本"关键书籍"的点拨，由此走上了发展的康庄大道。

所谓"关键事件"，就是对自己的后续发展起巨大推动作用的一次事件，因为这次事件，有了成功的愉悦，有了前行的动力，有了更高的目标。

人生没有白走的路，每一步都算数。越努力越幸运。2008年，我校英语组张宏老师代表学校参加优质课比赛，从协作区到全国，层层过关，层层磨炼，历时2年，参加了6场决赛，50次试讲，无数次磨课。每接到一个课题，张老师就陷入了几乎"疯癫"的状态，日思夜想的都是这节课的设计思路。那时，张老师的儿子还不到2岁，帮她照顾孩子的母亲看着女儿由于长期熬夜而发黑的舌苔，心疼得掉下了眼泪。家人深知张老师不服输的个性与对工作的执着，唯有默默承担更多家事，让她专心教学。功夫不负有心人，最后她获得了全国一等奖和"最佳教师综合素质奖"。她还担任美国"关键语言教师项目"中国区评委、省市优质课评委。

张老师回顾自己的成长之路时感慨地说："当你从candidate（选手）成为judge（评委）时，中间隔着的，不只是一张桌子的距离。唯有不断学习和成长，才能使梦想成为可能。"

安徽省蚌埠市第二中学的发展也经历了实施智慧课堂这一关键事件。该校通过实施智慧课堂这一关键事件助推教育教学深度变革，实现了教育教学质量的提升和教师专业素质的发展。课堂改革之初，遭遇了老师的抵触和家长的不理解，但最终赢得了家校双方的坚定支持。蚌埠二中高考连年取得优异成绩，教师专业发展实现飞跃，近20人获得国家和省优质课一等奖，4人被评为正高级教师，10人被评为特级教师，8人享受国务院政府津贴……

一个关于佛像与铺路石的故事启人深思。铺在山路上的石阶抱怨歆享香火的佛像说："大家同是石头，凭什么我被人踩在脚下，你却被人供在殿堂？"佛像笑了笑说："当年，你只挨了六刀，便成了一方石阶，而我是经历了千刀万凿，才有了现在的结果。"

每一次关键事件都意味着一次关键挑战，可能有短暂的痛苦，但阵痛之后也意味着一次关键提升，甚至获得新生。关键事件对初入职场者而言，可能是打开局面、站稳职场的机遇；对久在职场者而言，可能意味着二次成长，让自己实现从事业高原迈向事业高峰的跨越。愿你有勇气面对关键事件，愿你有能力挑战关键事件。

话说"人微言轻"

说到2016年里约奥运会，就不得不说说中国女排；说到中国女排，就不得不说说河南姑娘朱婷。扬眉吐气，笑傲群雄，在里约奥运会赛场上，中国女排的夺冠之路可谓惊心动魄。从扣人心弦、险象环生到荡气回肠、气壮山河，国人的自豪感一次又一次被女排激发，爱国热情一次又一次被女排姑娘们点燃。女排夺冠，当然离不开郎平指导的指挥若定、科学统筹；离不开全体队员的勠力同心、密切协作；更离不开主攻手朱婷的雷霆万钧、力挽狂澜。

有这样一个细节可能大家未必在意，每次暂停的时候，总会有候补队员拿着一个蓝色小花布包，放在朱婷的颈部和肩部，那是什么？我们不得而知，推测一下，它可能是用来降温和舒缓疲劳的冰袋。这种待遇并非人人都能够享有，但作为一号主攻手，一路赛下来后她拿到179分，享受这样的待遇似乎也在情理之中。

职场中，总会听到有人抱怨自己"人微言轻"，他们总在羡慕别人优厚的待遇。其实，如果你能独当一面，贡献突出，对你的合理诉求，领导也不会置之不理。想要有话语权、有待遇，还是从厚积实力、胜任岗位、担当有为开始吧。《我的前半生》里贺涵有一句很经典的话：在职场要做到你可以取代任何人，然后再考虑做到任何人都取代不了你。职场是你的平台，当你从单纯依赖平台到成为平台的一部分时，你就会从"人微言轻"变为"举足轻重"。

我想到了职场中每个人都回避不了的一个话题——"待遇"。《现代汉语词典》对作为名词的"待遇"一词给出了两层含义：一是（人）享有的权利、地位和报酬等，二是对待人的态度和方式等。简单来说，"待遇"就是一个人受到的物质和精神层面的对待。一个人求职时最关心的是对方能给自己什么"待遇"，其实，我更愿意把"待遇"中的"待"理解为"等待"，"遇"理解为"机遇"和"礼遇"，"待遇"即"需要等待的物质和精神的机遇、礼遇"，也就是说"待遇"是与你的付出对等的或者说需要你用业绩换取的物质和精神礼遇。2016年8月土耳其瓦基弗银行女排俱乐部官方正式宣布，中国女排主攻手朱婷正式与俱乐部签约，最终年薪达到110万欧元。如果朱婷没有在奥运会上的上佳表现，俱乐部可能也不会出此天价，所以说，无需艳羡别人待遇高，不必抱怨自己待遇低，板凳坐得十年冷，俯下身子，沉潜下去，有成绩，自然会有待遇。

怎样才能做出成绩呢？认准位置、演好角色、担起责任、永不言弃是至关重要的。在2016年里约奥运会上，第一次参加奥运会的赵帅一路过关斩将，最终在跆拳道男子58公斤级决赛中，以大比分战胜泰国选手汉普拉布夺取金牌，成为中国跆拳道首位夺得奥运冠军的男选手,拿下了中国代表团当届比赛的第19枚金牌。可以说,赵帅创造了中国男子跆拳道的历史。

没有一个人是能轻而易举地成为奥运会冠军的,赵帅背后的故事很多。比如,他曾经是一位女队员的陪练。众所周知,在重竞技项目中,陪练一般都不是主力队员,但主力队员的夺冠少不了他们的贡献,他们是奥运会冠军、世界冠军背后的"关键人物"。赵帅曾经也扮演过这个角色,但他的运动生涯并没有被永远定格在这个角色上,他说:"当陪练只是一个过程,并没有什么不好,再变成主力,然后拿到奥运会金牌,这只是一个过程,其实是一样的。"从女队员的陪练,到主力队员,从在国际赛场上取得佳绩,到能够参加奥运会,再到最终夺冠,赵帅就是沿着这个轨迹站上了奥运会赛场上领奖台的最高处。

无独有偶,在2018年韩国平昌冬奥会上,在短道速滑男子500米决赛中,中国选手武大靖夺得金牌,这也是中国代表团在平昌冬奥会收获的唯一一枚金牌。可就在7年前,他还只是队伍的陪练,先是领着女孩子滑,后来有能力了,跟在男孩子队伍的队尾滑。那个时候的他,就连全国冠军都不敢想。他说:"我觉得运动员的身份是一种责任,不是所有的运动员都能穿上带国旗的衣服。"

"如果你是小草,单位就是你的大地。如果你是小鸟,单位就是你的天空。如果你是一条鱼,单位就是你的大海。如果你是一匹狼,单位就是你驰骋的战场。家庭离不了你,但你离不了单位。"

"不管你在哪个单位,不管你从事什么行业,请记住:工作不养闲人,团队不养懒人。入一行,先别惦记赚多少钱,先学着让自己值钱。没有哪个行业的钱好赚,赚不到钱赚知识,赚不到知识赚经历!要有正确的态度,才能改变你人生的高度。"

网络上的这两段话虽然称不上至理名言,却也中肯。自知者明,自胜者雄。认准位置,做好自己,何愁没有出头之日?与其抱怨人微言轻,不如认清自己,摆正位置,做好分内事,做出成绩,我想有一天蓝色的小花布包终会落在你的颈肩上,天价年薪也许会与你有缘。

我还是从前那个少年

"我还是从前那个少年，没有一丝丝改变……"平均年龄74岁的清华学霸唱响《少年》，全网沸腾。他们来自清华大学上海校友会艺术团，是一群毕业数年至数十年不等的清华大学合唱队老队员。当挽起袖子的他们唱起歌曲《少年》时，无数观众都为他们的活力和激情所感动，为他们蓬勃向上的生命状态所感动。

每一天，我总能感受到一种蓬勃向上的力量。"坚持本身很'可怕'，一群人的坚持更'可怕'，从燃梦一代到二代，甚至还会有三代、四代，当我们一起坚持时，那会是怎样的教育图景啊！……星星之火，终会燎原，我仿佛看见，一代又一代的我们，擎着梦想的火种，分头努力，各自向好，彼此认同，守望相助，一起和时间做朋友，把教育的路走宽，把成长的天走亮。"这是郑州艾瑞德学校校长李建华的一段话。

李建华校长提到的"燃梦行动"的发起者是中国浦东干部学院的李冲锋教授。我有幸聆听过李冲锋教授授课。李教授幽默风趣，金句频出，将对教育、对教师深切的忧虑寓于诙谐幽默的讲座之中，他是能让人笑着笑着就会变得面红耳赤的人。每到一处，他都大声疾呼，教师要重视读书，教师要热爱读书。他说："教育的悲哀在于一群不读书的人却要求学生读书。"他的疾呼振聋发聩，他的疾呼让多少人如芒在背。每到一处，李教授就开始"煽风点火"，他的"四轮驱动，成就名师梦想"讲座点燃了多少老师的热情，他发起的"燃梦行动"如火种遍撒全国各地，读书学校、读书群正在形成燎原之势。

诗意语文的倡导者董一菲老师，上课、做讲座、每周六线上交流、公众号推文，她带领越来越多的语文人奔走在诗意的征途上，沉醉在诗意语文的藕花深处，她用对语文的虔诚和执着带领千名语文教师在诗意语文的芳草地徜徉。她在个人公众号开设"悦读经典""风从故乡来""文本解读""诗词歌赋""朗读者"等诸多高质量的栏目，推文已达5000余期，"圈粉"5万余人，在诗意语文首届年会上一口气推出10本诗意语文著作。坚守汉语诗意，丰盈教师灵魂，促进专业成长，提升教学境界，传承优秀文化。她仍在为诗意语文奔走，仍在呼唤更多的同行者。牡丹江市是一菲老师工作的城市，在她的引领下，诗意语文如牡丹高贵典雅争芳吐艳，花开时节动京城；诗意语文如解冻的大江，带着春天的问候，奔涌前行。

三年能做些什么？一起来看看刘永要老师三年的发展轨迹。从2018年永要德育联盟成立，屈指三年时间。

这三年，从0节到100节，这是永要德育联盟的精品班会课设计行动；从0场到400场，这是永要德育联盟的讲座分享；从0篇到1200篇，这是永要德育联盟公众号的原创行动；

从 40 人到 5000 人，是永要德育联盟成员的人数，也让它完成了从"永要工作室"到"永要德育联盟"的跨越；从 0 到 400 万，是永要德育联盟三年积累的研修文字。

永要德育联盟为有志于德育成长的老师提供专业化的解决方案，把切实提升老师的专业能力、改变老师的精神面貌、改变一方德育生态作为使命。我听着刘永要老师沙哑的声音，感受到的却是他火热的激情、蓬勃的力量。

蓬勃向上与年龄无关，与使命相连。清华大学上海校友会艺术团、李冲锋、董一菲、刘永要，他们把引领前行作为神圣使命，神圣的使命感激发出磅礴的行动力量。

蓬勃向上与要求无关，与示范相连。最好的管理莫过于示范，最好的教育莫过于感染。身体力行，率先垂范。每一个燃梦人都是率先把自己点燃，又擎起火炬，为他人照亮征途。

蓬勃向上与冲动无关，与坚持相连。不求立竿见影，但求久久为功。不求闪耀自己，但求惠泽大众。这不是一时兴起，而是深思熟虑后的价值认同。

梦想蓬勃，精神向上。有自己的教育理想和信念，有自己的教育梦想和追求，敢于突破世俗的教育评价桎梏，追求至高的教育境界，对于真善美，始终热情饱满，始终乐观进取。

姿态蓬勃，行动向上。做"行动派"，勤于积累思考，勇于创新探索，让种种美好的理念扎实落地。让我们一起奔跑吧。

蓬勃向上，有力量！

今天，我想为"自己"点个赞

2018年起，河南省实施了班主任素养提升工程，河南省名班主任工作室的建设是素养提升工程的重要组成部分。在河南省第三批、第四批名班主任工作室主持人培训之际，笔者有感于省教育厅、省中小学班主任研究中心对班主任工作素养提升工程的支持和各位省名班主任工作室主持人饱满的学习热情，创作此诗。

今天，
我想为"自己"点个赞，
这个赞，送给省教育厅——河南老班的大靠山。
高瞻远瞩，谋划在前，
办好人民满意教育，
补齐老班发展短板，
摸着石头过河，
披荆斩棘爬山，
探出前路开阔，
搭建平台更宽。
是您，
点燃探路的火把，
映出了默守一隅三尺讲台上老班的容颜。
是您，
凿渠引水，
用汩汩清泉滋润老班的心田。
是您，
立志移山，
在绝壁开出天梯，
将老班从教室引领到更大的舞台中间。
出政策，奖资金，情温暖，
给理念，给方法，殷切盼，
五大工程持续推进，有序开展，
您创造出老班发展的中原模板、河南经验，

让河南老班受益，
让全国的同行艳羡，
愚公移山志，教育生态变，
幸福指数攀升，本领恐慌锐减，
惠及学子万万千。
您就是秉烛人，
让河南老班迎来高光时刻；
您就是引导员，
带领河南老班进入黄金时代；
您就是魔法师，
用一枝梅花，
为河南老班唤来多彩春天。

今天，我想为"自己"点赞，
这个赞，送个老班的娘家人，
最暖人的红衣少年[①]。
共育一棵树，共享一片荫，
一家报社、两张报纸、三个中心、四个公众号、五大评选，
推介河南学校、河南教师、河南学生，
推介我们河南老班，
始终坚守初心，为中原教育崛起发言。
你们为河南老班发声，你们为河南老班点赞，
你们为每一项利好政策出台摇旗呐喊，
一个个河南教师，走出教室，走出校园，走出中原。
那抹红，
在每一个活动的现场，
那抹红，
在老班成长的每一个瞬间，
你们把一张报纸办成骄傲，
你们让公众号成为每晚的期盼，

---

① 红衣少年，指身着红色教育时报社工装的工作人员。

还有那教师成长学院、班主任智慧书院。
愿意向你们分享快乐,
敢于在你们面前"撒娇""抱怨",
你们是老班的知音,
你们是河南老班的精神依恋。
那抹红,
是色彩红艳艳,
更是丹心一颗,情怀深深,赤诚一片。
那抹红,
映出了老班似锦前途,
映出了老班朝霞满天,
历尽千帆终不变,
赞我红衣少年。

今天,我想为"自己"点个赞,
这个赞,要送给守望初心、孜孜以求的河南老班。
这群人,把会场扩展到了餐厅、宿舍、大巴,甚至洗手间,
培训间歇、茶余饭后、散步用餐、秉烛夜谈,
不错过每一个精彩,不落下每一个瞬间,
听课、记录、反思,
提问、回答、复盘,
精彩、难忘、震撼,
触动、行动、向前,
求知若渴,坦诚相见,
你之困惑,我之拙见,
你之经验,我之借鉴。
这群人,来自十八地市,
这群人,来自都市乡间,
植根教育沃土,
秉持同一信念,
为党育人,为国育才,立德树人使命在肩。

市情、校情、班级情，情情不同，
爱心、诚心、求索心，心心相连，
这群人，情怀深广，站位高远，
这群人，倾囊相授，不遮不掩，
这群人，一见如故，相见恨晚，
这群人，校长、小白、孕妈，
这群人，长者、名家、"大咖"，
这群人，拒绝"躺平"，突破瓶颈，登高望远，
这群人，躬身入局，内化沉淀，精彩破圈，
这群人，
苔花如米小，也如牡丹开，
如今登高处，不忘从何来，
志向所趋之，穷山而距海。
这群人，
理念蓬勃，文化向上，
梦想蓬勃，精神向上，
姿态蓬勃，行动向上。
这群人，
相聚为了成长，分别为了一方，
耕耘不问收获，自有一路花香，
坚守初心不忘，脚下就是远方。
这群人，
聚是一团火，散作满天星光，
他们从点亮一间教室开始，
立志将一方天空点亮。

今天，
我要表达小小心愿，
我要手动为河南老班点赞一万万。

第 9 辑
学习榜样明方向

2016年9月9日,习近平总书记在北京市八一学校考察时说:"一个人遇到好老师是人生的幸运,一个学校拥有好老师是学校的光荣,一个民族源源不断涌现出一批又一批好老师则是民族的希望。"

三人行,必有我师焉。在我求学、工作生涯中,我遇到了许多影响我为学、为事、为人的好老师。他们中有师德先进集体,有"人民教育家",有大学教授,也有青年新秀。向榜样学习,向榜样致敬。

学榜样，明方向，蓄力量

近年来，我省陆续涌现出一大批优秀师德典范，集中展现了新时代人民教师爱岗敬业、甘于奉献、阳光美丽、改革创新的新形象。其中，新乡市教育系统就涌现出全国教书育人楷模 1 名、河南省师德标兵 2 名、河南最美教师 12 名，他们中有山村教师、特岗教师、援疆教师，也有抗疫先锋、职教专家、高校科研工作者。为更好地发挥先进群体的典型示范作用，大力弘扬高尚师德师风，河南省委教育工委、河南省教育厅党组决定在全省教育系统深入开展向"新乡师德先进群体"学习活动。本文为《教育时报》"向新乡师德先进群体"学习活动约稿。

"新乡师德先进群体"以群体之光闪耀中原大地，越是靠近他们，越是被他们的事迹所感动，越是被他们的精神所激励。

用专业致敬事业，练就为国育才的真本领

学习"新乡师德先进群体"，要学习他们勤于钻研、博学进取的职业特质，用精湛的专业能力成就平凡岗位上的伟大梦想，在不懈奋斗中创造无愧于新时代的光辉业绩。

有幸聆听过王彩琴、刘安娜教授的讲座，两位教授优雅的教态、广博的学识、活泼的授课风格征服了无数学员，她们勤于思考，乐于实践，在专业发展的大路上跑出了加速度。

"人民教育家"于漪先生说，自己"做了一辈子老师，一辈子在学做老师"。只有不断发展自己，才能更好成就学生。只有教师发展了，学生才能获得更大的提升空间。新时期的教育面临着新的发展，"互联网+"背景下的教师也时刻面临着新的挑战。大数据、云平台、新课标、新教材、新课程等新理念、新手段对教师提出更高的要求。这就要求我们与时俱进，德能双修，更加执着地耕耘自己的田地，不忘初心，立德树人。新的时期，我们要躬耕教坛，虚心求教，做孜孜不倦的学习者；我们更要勇立潮头，追求卓越，做教育改革的探索者和实践者。我会向榜样学习，继续坚持在名班主任工作室开展读书打卡的"燃梦行动""微写作行动"，坚持引导团队进行课题研究、案例分析，坚持项目驱动、双周研修，补足业务短板，强化育人本领。

用坚守扛牢责任，练就为党育人的铁肩膀

学习"新乡师德先进群体"，要学习他们志存高远、淡泊名利的道德情操，把在平凡岗位创造非凡业绩作为自己长远的价值追求，用实际行动践行和传承新时代人民教师的责任与担当。

只有不断在教育沃土向下扎根，才能挺立出自己的风姿，挺立出自己的高度。

余国庆用 8 年的坚守，只为豫疆教育同发展。

王彩琴用 30 年的时间，培养了数以万计的优秀英语教师，并为数十万中小学英语教师进行在职培训。

张锦文 40 多年坚守山区教育，25 年穿破 300 多双千层底布鞋，只为让孩子能走出大山。

茹振钢 40 多年坚守，只为落实"把中国人的'粮袋子'抓在自己手里"的任务。

坚守教育理想，扛牢育人责任。耿耿园丁意，拳拳育人心。种桃种李种春风，守秋守夏守芳华。肇始于热爱，守望于责任；肇始于责任，守望于使命。伟大来自坚守，坚守成就伟大。在教学和班级管理一线工作近 30 年的我，曾经在一首诗中写道："每个人都有一个追梦故事，用心，用情，用力，用智，努力到感动自己。每个人都有一个坚守，我的坚守，就是坚守教育的理想，做有未来的教育，无论现在还是过去，尽职尽责，尽心尽力。"

用行动诠释信仰，争做时代呼唤的"大先生"

深入学习他们坚守初心、对党忠诚的理想信念，把对祖国和人民的无比热爱融入扎扎实实的行动中去，全心全意献身教育事业。

学习榜样，就要用行动诠释信仰。学习榜样，就要提高政治站位，坚持师德第一标准，丰厚理论素养，生长实践智慧；学习榜样，就要回答好"为谁培养人""培养什么人""怎样培养人"的时代之问；学习榜样，就要筑牢信仰之基，补足精神之钙，把稳思想之舵，做政治强、情怀深、视野广、思维新、眼里有人、心中有爱、肩上有责、手中有艺的"大先生"。

学习榜样，就要用行动诠释信仰。用心做教育，把班级创作成一段故事，编织成一部童话，缔造成一个传奇，导演成一部大片……

耕耘不问收获，自有一路花香，只要初心不忘，脚下就是远方。聚是一团火，散作满天星光，从点亮一间教室开始，将一方的天空点亮。

涓滴终成海，微笑赢未来

——听杨卫平老师"微记录与班主任专业发展"讲座有感

博大起于毫末。天下大事必作于细，天下难事必作于易。杨卫平老师从小事入手，从细微入手，每天记录学生的故事，每天记录自己的感悟，最终涓滴成海，聚沙成塔。正是这每天的一点一滴，印刻出学生成长的足迹，熔铸成教师发展的阶梯。笑着做教师，微博玩出书，微言有真情，人生永不输。"微博即日记，微博是生活"，这点在杨卫平老师的身上得到了最生动的体现。"笑着做教师"的杨老师，将个人生活与班级、与学生融为一体，密不可分；微博又使这种生活、这种爱的教育有了一个更新、更即时的载体。杨老师用14年微记录告诉我们一个道理：你只管努力，其余的交给时间。

故事蕴藏道理。"故事力"是好老师的核心竞争力。真正的教育家都是有故事的人，也一定是会讲故事的人。杨老师有个神奇的故事匣子，里面有一串又一串动人的故事；杨老师是个神奇的故事大王，她讲的每个故事都趣味横生，暖人心灵，还常有续集发生；她把小故事讲成了教育的鸿篇巨制，因为她故事的主角是学生，她故事的暗线是深情。

微笑永远无敌。"笑着做教师"是杨卫平老师的信条。杨老师相信"孩子们是用来爱和原谅的，而不是拿来进行所谓的教育的"；她相信"改变别人不如改变自己，身教永远重于言教"。无论工作多少辛劳、生活多么忙碌，展现在学生面前的依然是超有爱、超有趣、超有人格魅力的她。"笑是自然流露的愉快表情，笑是发自内心的欢喜声音，笑是相信成长的平和心态，笑是推动成长的积极状态，笑是生命友好的温暖姿态。"她是这样说的，更是这样做的。能够常把微笑挂在脸上的老师，幸福一定荡漾在心中。微笑、温暖、温柔是杨老师带给学生的共同感受，也感染着每一个和她接触的人。爱学生的老师一定是最幸福的，爱奋斗的老师一定是最幸运的。

笑着做教师，不仅是一种淡定自信的心态，更是一种从容不迫的智慧。来，不妨和我一起，跟着杨老师"笑着做教师"！

情至真处，静水流深

——致敬陕西师范大学赵克礼教授

"为了这让我敬畏的讲台，我一生如履薄冰，不敢有丝毫懈怠。一生从教，未敢有一次迟到。前天，最后一次讲课，我依然提前很多来到教室外，静静等待上课时间的到来。"

早上6点准时起床，看到赵克礼教授的朋友圈，我的眼睛又湿了。授课那天的情景历历在目，进入会场时确乎看到一个邻家大伯模样的人坐在会场外的椅子上，只是不知就是授课的赵老师。在为期一周的郑州市千人教育名家的培训中，泪水已经不止一次打湿我的脸颊。

我曾经浅薄地认为自己25年战斗在教育教学、班级管理一线应该是算得上敬业了，自认为兢兢业业，恪尽职守，但是我却不敢说自己从未迟到过一次。我虽然也为被一届又一届的学生亲切地喊"涛哥"而自得，却做不到像赵老师那样为了呵护学生厉声呵止作秀的跑操表演。我也自认为自己热爱学生，热爱讲台，却没有赵老师这般对讲台充满敬畏。

网课期间，我每周都要和学生电话沟通，怕他们偏离轨道太远。2020届高三复课，我从4月5日开始从老家开封到郑州，直到6月15日第一次回开封，两个半月与学生朝夕相处，倾心陪伴，只为帮学生渡过难关，不留遗憾。对刚刚毕业的2020届，我试行伴读计划，3年时间牺牲周末、五一、十一、中秋、元旦，但是这一切与赵老师48年的坚守相比，是多么的渺小，多么的微不足道。我甚至想到了庄子《逍遥游》里的蜩与学鸠，想到了浅薄的井底之蛙。

赵老师直言反对将教师比作"蜡烛"，他认为"蜡烛"是物，老师是人；他认为蜡烛终将有尽，人师却可渡人渡己。

赵老师说，育人先育己。"教"者，"效"也。上为之，下效之。躬自厚而薄责于人，从赵老师这里我们看到了"学为人师，行为世范"的榜样。

赵老师从不站在道德高地品评他人，他说爱国不是高调而是理性。在国家召唤时，他将在美国工作的女儿和女婿召唤回国。他说："科学无国界，科学家却有父亲。"

艾青说："为什么我的眼里常含泪水，因为我对这土地爱得深沉。"赵克礼老师没有深情发表告别演说，是因为对这份事业爱得深沉。曾有机会一览长江三峡胜景，遗憾没有能领略惊涛拍岸的场面，却瞬间明白了"静水流深"蕴含的人生道理。

学校前不久举行"青蓝工程"拜师仪式，我也忐忑地接受了年轻教师的敬茶。得地利之便，茶歇期间我为赵老师献了杯茶，心中甚感荣幸，不为拜师，只为致敬！

致敬赵老师，在近50年的教育生涯中，渡人无数；祝愿赵老师，余生请厚爱自己。

匆匆于2020年11月21日星期六培训毕业典礼

附：赵克礼老师朋友圈留言

别了，讲台！

赵克礼

2020年11月19日，在河南郑州，我给来自中学的100名"教育名师"讲完课，告诉大家，这是我今生最后一次讲课。

别了，我心爱而敬畏的讲台！

往事如风，轻轻地飘过……

1972年，年仅17岁的我，懵懵懂懂地走上讲台，成了一名小学民办教师。

1977年，我走上中学的讲台。

1994年，我站在了大学讲台上。

2015年，我退休，同时告诉我的学生，从此开始，我不再讲与我专业（历史教育）相关的话题。自此，我只讲教育的价值与意义。几年来，走南飞北，竟做了数百场报告。

一个月前，我将我一生积累的教育类书籍全部送给了学生。

今天，我告诉我所有亲爱的朋友，我不再讲课了。

为了这让我敬畏的讲台，我一生如履薄冰，不敢有丝毫懈怠。一生从教，未敢有一次迟到。前天，最后一次讲课，我依然提前很多来到教室外，静静等待上课时间的到来。

感恩讲台，它让我衣食无忧，给了我体面的生活。

感恩讲台，它逼迫我夙兴夜寐，不断充实和完善自己。

感恩讲台，它使我结识了数不清的小学、中学、大学学生，还有无以数计的教育同行。

感恩讲台，它使我成为了我。

今天，我已逾65岁。我何德何能，竟然在讲台上站到并超过了"博导"才应该享用的工作年限！

我该退休了。

从此，我将成为一个忘了年龄的自在之人。

我会在各大社交平台里快乐，我会有更多的时间与友人品茶听戏，与故旧叙情谈天。

别了，我心中神圣的讲台！

用心良苦的"老班"

2024年6月5日上午，郑州市经开区举行中小学班主任研究中心成立仪式和班主任素养提升工程讲座。河南省中小学班主任研究中心主任刘肖出席成立仪式并为大家带来"以'五项全能'修炼，促班主任'十大素养'提升"的讲座，刘肖主任高屋建瓴的讲解加上省赛中学组冠军侯志强、小学组冠军司培宁的现场展示让与会的500名老师沉浸其中。

会议8:30开始，不知不觉已经到了中午12:00，可是刘肖主任的讲座还在继续，这可是一反常态的，因为刘肖主任的时间观念非常强。5月27日在开封举行河南省德育大会时，那么多流程衔接下来，他的发言也在12:00准时结束，一分不差。会议结束，大家纷纷赞叹班主任研究中心的会务组织能力。今天这是怎么了？时间一分一秒过去了，"12:09，"刘肖主任说，"今天的会议时间刚刚好，12:09，二十四节气中的芒种在这一刻到了。大家有事可忙，终有锋芒，期待你们'锋芒毕露'的那一天。"难怪刘主任在会议开场时说："今天是芒种，农谚'芒种不种，再种无用'，这既是收获的季节，也是播种的季节，北方正在收割小麦，南方正在插秧播种……"

芒种，一事不可误，一刻不可负。播种不失约，丰收才如约。刘肖主任赶在芒种这一天在经开区"插秧播种"，赶在芒种这一刻才结束讲座，就是希望早一天在经开区播下班主任素养提升的种子，早一天看到一个个优秀班主任"破土而出，拔节生长"的样子。

作为河南省班主任素养提升工程实施的主要落实者，刘肖主任被河南省名班主任工作室主持人亲切地称为河南老班的"老班"，老班用心之深，感人至深。河南省德育大会上，刘主任谈到第八批的省名班主任工作室主持人遴选将调整到秋季举行，为主持人尽早开展工作留出更充裕的时间。由刘肖主任创作的河南老班之歌《脚下的远方》中，有一个一直困扰我的谜题，歌词里写的是"我有一块小小花田，总在秋天播下种子，汗水浇灌，心血滋养，期待长出一个春天……"为什么是秋天播下种子？此时，一切都明白了，河南省班主任素养提升工程的许多活动都是在秋天启动的，班主任素养提升的花田，就是在秋天播下种子的。

老班的用心，谁懂得？我懂得，我们都懂得。

老班很重情。刘肖主任是河南班主任智慧书院的院长。参加过河南班主任智慧书院的老师都知道"院长大点名"这个重要环节，十余位老师的名字、班级、故事他准确无误地娓娓道来。大家都惊讶于刘主任的惊人记忆力，却不知道刘主任为了准备"院长大点名"一天多时间不吃不喝，只为把每一个名字记在心里，只为把每个故事讲得细致。老班重情，不信你听，他创作的师德之歌《把一切都给你》、德育创新之歌《第一粒扣子》、老班之歌

《脚下的远方》、教师成长之歌《成长有你》、红衣少年之歌《以未来之名》，这一首首广为流传的经典歌曲里蕴含着他的一片深情。他为老班而歌，为孩子而歌，为教师而歌，为教育而歌。

在2024年5月27日河南省德育大会暨班主任素养提升培训会上，刘主任发出了"灵魂三问"：

"你知道今天坐在这里有多么不容易吗？全国班主任的领军人物秦望老师、教育部第一届班主任基本功展示活动三项入围选手周佳佳老师今天是以受训学员的身份参会的……"

"得到这样的机遇你是如何珍惜的？我们河南有40万位班主任，全省仅有200位名班主任工作室主持人，你是二千分之一。做省名班主任工作室主持人并非人生的必选项，而是班主任职业发展的加分项。它不仅仅是一份荣誉，或者说就不是荣誉，而是一份沉甸甸的责任。要做主持人就不能只想着独善其身，肯定要兼济天下。"

"负责人是如何负起责任的？事情要做成功，要用心，倾力，动情……"

刘肖主任说，要想真正做好名班主任工作室主持人这份工作，除了要有扎实的专业功力，有丰富的带班经验，有良好的群众基础，还要有相当的领导力、感召力和个人魅力。最重要的一点是：热爱。唯有热爱可抵岁月漫长，只有乐意才愿大费周章。

刘主任的"灵魂三问"直抵灵魂深处，让人头皮发紧，内心发虚，脸上发红，背上发汗。刘主任平时待人是非常和蔼可亲的，很少见他说这么重的话。老班今天是怎么了？爱之深，责之切。时间不等人，事业不等人。响鼓要用重锤敲，语重心长的追问，只为唤醒更多人，推动更多人。

老班的用情，谁懂得？我懂得，我们都懂得。

为了让班主任素养提升的"五级联动"体系机制更加完善，为了避免出现"上热、中温、下凉"的现象，为了能让班主任素养提升成为聚散燎原的星火，从点亮一间教室到照亮一方天空，进入2024年，从1月开始，刘主任就马不停蹄，奔走在多个地市，出谋划策，梳理架构，明晰思路，奔走呼吁，助力打气。不到半年时间里，他亲自组织、参与省内外数十场班主任素养提升工程活动，密密麻麻的活动背后还有大量辛苦的筹备工作。

他这么用力，谁懂得？他想让河南老班从教室走到更大的舞台中央，他想让河南老班都能迎来属于职业生涯的高光时刻。他希望河南老班在素养提升的大道上：快一点，再快一点；多一点，再多一点；好一点，再好一点……

老班的用力，谁懂得？我懂得，我们懂得，40万河南老班都懂得。我骄傲，我是河南老班，我们骄傲，我们河南老班有"老班"。

致敬繁振平老师

——在繁振平老师光荣退休仪式上的视频发言

繁振平老师是我读初中时的数学老师,从教40余年,乐业爱生。在繁老师荣休仪式上,作为学生代表的我做了视频发言,表达对老师深深的感谢和敬意。

尊敬的繁老师您好:

我是您的学生张建涛。时间过得真快,40年前您教我的情景还历历在目,今天您就要光荣退休了。在这个隆重仪式上,作为学生有几句心里话向您表达。

习近平总书记说,一个人遇到好老师是人生的幸运,一个学校拥有好老师是学校的光荣,一个民族源源不断涌现出一批又一批好老师则是民族的希望。从这个意义上说,我是幸运的,杏花营中学是光荣的,因为我们都遇到了您。

首先我想对您说的是:感谢您对我一直以来的关心、关爱、关注。

上初中时我是一个稚气未脱、贪玩调皮的孩子,也是您不称职的数学课代表,可是您给了我无微不至的关心和关爱,让我幼小的心灵充满了自信和自豪。长大后我也成了您,在近30年的教育生涯中,更深刻地领会到好老师要有仁爱之心的含义,明白好的教育首先要有良好的师生关系。爱是教育的灵魂和底色,没有爱就没有教育。工作中您是那么用心,那么用情,那么用力,总说我们聪明,总夸我们懂事;您总是用欣赏增强我们的信心,用信任维护我们的自尊,用关爱滋润我们的内心。每一个学生在您心里永远都是在校生,虽然我们走出了校园,却走不出您的牵挂。我从杏花营到县城,从县城到省城,每一点、每一滴的进步都离不开您的鼓励和关注,不辜负老师的期望也是我努力前进的不竭动力。

我还要向您表达敬意,致敬您在工作中的专业、敬业、乐业。

我从站上三尺讲台到站稳三尺讲台,再到有机会在高校和省内外讲学,一直在践行您"课比天大"的理念。上初中时,咱们学校的老师以民办教师和代课教师为主,您是为数不多的科班出身的老师。难题、怪题在您面前都不是问题,您总能化繁为简,总有奇思妙想,扎实的学识、过硬的教学能力、勤勉的教学态度使您成为数学组公认的"定海神针"。在您走上学校领导岗位后,在奖掖后辈、培育学生、指导老师提升业务的同时坚持上课,不断为自己精进赋能。您把职业当成事业,把事业当成志业。桃李春风,岁月芳华。您在专业中享受尊严,在敬业中享受快乐,在乐业中享受幸福。

我还要向您学习,学习您做人的平和、平淡、平实。

面对同事，您平和谦逊、待人诚恳、严于律己、宽以待人，是同事心中的好领导、班子中的好搭档；面对荣誉名利，您总是保持平常心态，淡泊看待。面对业绩，您不居功、不溢美、不虚夸，恪守精神高贵，心怀教育虔诚，保持高尚情操，把对教育事业的理想信念化为扎实的行动，在平凡的岗位上成就非凡的梦想。

我相信杏花营中学这个您战斗多年的优秀团队，会以您为榜样，用专业致敬事业，练就为国育才的真本领；用坚守扛牢责任，练就为党育人的铁肩膀；用行动诠释信仰，争做时代呼唤的"大先生"。

最后我要向您和杏花营中学送上真诚的祝福。

祝您在接下来的日子：转换慢节奏，乐享静时光，回校常探望，不辍献宝藏。

祝愿杏花营中学：建功新时代，奋进新征程，师生齐奋进，名校指日成。

伟大的坚守

20世纪的中国教育史,有一个人不得不提,她就是"人民教育家"于漪老师。她写下了400多万字的论文专著,上了近2000节公开课。她在用生命歌唱,用上课的质量来影响孩子生命的质量。六十年如一日,扎根在基础教育一线,坚持教学实践,坚持教育创新,坚持教育思考,90岁高龄还在实践着"一辈子做教育,一辈子学做教育"的座右铭。2019年9月29日,她走进人民大会堂接受国家主席授予的荣誉勋章。

圆规为什么能画圆?因为"心"不动,脚在动。"心"就是"圆心","圆心"我更愿意把它解读为"原心","原心"就是"初心"。许多人为什么不能圆梦?因为心不定,脚不动。"靡不有初,鲜克有终。"每个人大都有过梦想燃烧、热血沸腾、慷慨激昂的经历,但是这种梦想激情能持续多久是要打问号的。毅力的长度,便是屹立的高度,对此,曾国藩有一番很好的见解:"凡人做一事,便须全副精神注在此一事,首尾不懈,不可见异思迁……人而无恒,终一无所成。"

苏轼说:"古之立大事者,不惟有超世之才,亦必有坚忍不拔之志。"孙家栋在航天事业中坚守,黄旭华在核潜艇事业中坚守,袁隆平在超级杂交稻的试验田里坚守。这些国家荣誉勋章的获得者,守望初心,一生都在事业中坚守,有的90岁高龄还打卡上班,坚守在工作岗位上,坚守在比生命更珍贵的事业中。饱受风沙肆虐的右玉县在历任县委书记领导下,接续努力坚持种树抵御风沙,终于成为"塞上江南"。塞罕坝,几代人,几十年的坚守终于使荒漠变成绿洲,获得联合国环保最高荣誉"地球卫士奖"。

北京四中校长原刘长铭说,成功的要诀不是看一个人有多聪明,而是要看一个人有多傻。只有"傻人"才能真正懂得这样一个简短的要诀:不论你做什么,哪怕是一件极其简单的事,都要把它当作事业,当作信仰,甚至当作生命,坚持和坚定地做下去,自始至终不动摇,不放弃,把它做到极致,做到完美,做到世上独一无二,做到世上无与伦比,这就是成功。

跳水冠军吴敏霞是跳水界的一个神话。连续征战4届奥运会,身边的搭档换了又换,但她依然四度站上女子双人3米板项目的最高领奖台。2004年雅典奥运会、2008年北京奥运会、2012年伦敦奥运会、2016年里约奥运会,她在4届奥运会拿到了5枚金牌、1枚银牌、1枚铜牌,她就是跳水界的一个神话、一个传奇。从6岁练跳水到近31岁拿到第5枚奥运金牌,其间她所经历的控制体重、调控状态、直面竞争、提升成绩等重重挑战,最终都内化为规范自己的行动。持续10多年保持自身状态波澜不惊,这样的自我管理能力当然配得上"伟大的坚守者"这一称谓。

吴敏霞的坚守再次印证了蒲松龄的话，"有志者，事竟成，破釜沉舟，百二秦关终属楚；苦心人，天不负，卧薪尝胆，三千越甲可吞吴。"

"坚持聚焦在主航道，抵制一切诱惑；坚持不走捷径，拒绝机会主义，踏踏实实，长期投入，厚积薄发；坚持以客户为中心，以奋斗者为本，长期艰苦奋斗，坚持自我批判。"某知名通信公司的背后是三十年如一日的坚守，这么多年集中力量对着一个"城墙口"冲锋，从当初的几个人，到今天数十万员工，数万名科研工作人员，依然初心不改。

肇始于热爱，守望于责任；肇始于责任，守望于使命。由喜欢到热爱，由热爱到责任，由责任到使命。伟大来自坚守，坚守成就伟大。教育需要坚守，教育需要抛却浮躁，咬定青山不放松，滴水穿石，久久为功，任外边风云变幻，心中永守清风明月。

那一声幽幽的叹息

郑州市高新区第四届班主任风采大赛在如火如荼地进行，决赛阶段分"我的教育故事""班级文化展示""情景答辩""才艺展示"四个环节。

四号选手抽到的情景答辩题是："假如在你的班里有这样一位学生，不学习，经常违反纪律。你给家长打电话，想邀请家长到学校谈谈，但是家长工作很忙，没有时间到学校，再打电话，家长说：'你们老师都管不了，我有什么办法，对他的功课我也不懂，老师爱怎么办就怎么办吧！'对于这样的情况，你如何处理，如何做好家长的工作？"

"唉！"

四号选手看到这道情景答辩题，发出了一声幽幽的叹息。选手和评委席有两米左右的距离，这声轻轻的叹息声音不高，却重重落在评委的心上。她抽到的题目的确不好答。

牵涉到家校合作的题目对于经验丰富的教师而言答起来也不轻松，更何况是一个参加工作时间不长的小姑娘。家庭是孩子成长的第一所学校，父母是孩子的第一任也是终身导师，父母应该帮孩子扣好人生的"第一粒扣子"。学校教育在很多时候担负的是对家庭教育和社会教育纠偏的任务，而家长在家庭教育中的缺位很难靠学校教育补齐。如果碰到这种不通情理、不配合老师工作、对孩子放任自流的家长，更是难上加难。选手的叹息，饱含了一线老师特别是班主任多少的无助、无奈甚至心痛、委屈。

"说真的，世界上有两种事很难，一种是把别人的钱合法地装到自己的口袋里，一种是把自己的思想装到别人的脑袋里。如果是现实的人际交往中遇到这样固执的人，特别是不通情理的成年人，我会坚决不再理他。"

我的心咯噔一下，一下子悬到了嗓子眼。"还是年轻呀，这是情景答辩呀，这是决赛现场，无论如何也不能把沟通的路堵死呀，这样回答不仅没有让事件出现转机甚至还会进入死局。"一个发挥出色的选手难道要因为自己的任性而折戟在情景答辩的环节？我不禁摇头叹息，可惜了，可惜了，无力回天了。

就在几分钟前我们还在为四号选手暗暗叫好，班级文化展示中隐形班委和自我管理的做法都是不可多得的亮点。这个姑娘在讲述教育故事的结尾时说："那些叛逆的、自卑的、抑郁的孩子都是魔鬼中的天使，但我不是神，我能做的就是不让他们成为这个世界的一座孤岛，用自己的爱让他们发现自己的可爱。亚里士多德说，'教育的根是苦的，但教育的果是甜的。'"讲到最后这个姑娘几度哽咽以至于泪下。

"但是，我是老师，我是班主任，如果山不过来，我会走过去。如果孩子不能感受到父母的爱，我一定会让他感受到天底下永远有一个人爱你，那就是我，你的老师。如果孩子不愿意回家，那就让不能回家的孩子跟老师回家……"

评委席上传出了掌声，观众席上传来了掌声……

我曾一度喜欢用"智慧"来描绘教育，来描绘教师，甚至觉得这是对教育、对教师最高级的形容词。但是今天，我不得不重新审视它的含义，四号选手的表现不可否认是智慧的，但她的智慧建立在责任上，建立在真情上，建立在真爱上，爱自己的学生，爱自己的事业。如果"智慧"没有责任的支撑，没有情与爱滋养，它就会蜕化为让人不屑的"小聪明"和"小伎俩"。

下午才艺展示时，这个姑娘并没有选择自己擅长的绘画，而是选了一首歌曲《你在终点等我》，她说："我选了一首歌送给我的学生，不是学生离不开我，而是我离不开学生。"

是你给了我一把伞
撑住倾盆洒落的孤单
所以好想送你一弯河岸
洗涤腐蚀心灵的遗憾
给你我所有的温暖
脱下唯一挡风的衣衫
思念刮过背脊打着冷战
眼神仍旧为你而点燃
……
没有你的地方都是他乡
没有你的旅行都是流浪
那些兜兜转转的曲折与感伤
都是翅膀　都为了飞来你肩上

第 10 辑

但得书趣墨亦香

徐飞老师说，读书是教师的第一修炼。读书可以一步步去除遮蔽与狭隘，让我们遇见越来越好的自己，遇见一个又一个知己。朝一本本书走去，其实正是朝着本然的自我走去，朝着精神相契的知己走去。读书是自我教育、自我成全的最佳方式。

吾心蒙知幸有文

——在教师读书活动上的发言

学校每年寒暑假都会开展教职工的读书活动，笔者的一篇读书心得获得了读书活动特等奖。在颁奖仪式上，笔者作为获奖教师代表做了发言，在发言中引用了8位名家关于读书的精辟论述，表达为什么读书、读什么样的书以及怎样读书的思考。

立身，以立学为先；立学，以读书为本。（欧阳修）

人生没有彩排，不读书的人只有一种活法，读书的人却有1500种活法。阅读是我们的生命方式、存在方式、生活方式。阅读让我们的心灵贴近岁月苍生，在别人的人生中照见自己，在别人的生命里进行着自己生命的彩排，悲天悯人，关注社会。（董一菲）

读书可以一步步去除遮蔽与狭隘，让我们遇见越来越好的自己，遇见一个又一个知己。朝一本本书走去，其实正是朝着本然的自我走去，朝着精神相契的知己走去。从这个意义上说，读书是一种人道主义行为，是自我教育、自我成全的最佳方式。（徐飞）

教师的责任就是牵着学生的手，把他们引导到巨人的身旁，让他们与创造历史的人、与创造未来的人进行对话，教师就是这样打开学生的一个文化空间。（钱理群）

一个人的精神发育史就是他的阅读史，一个民族的精神境界取决于这个民族的阅读水平。（朱永新）

人，须有一个自己的精神境界，用心关照，弥补，平衡，对抗外部的物质世界，而读书正是营造、充实、完善、提升精神世界的唯一选择。因此，选择读什么样的书，就成了我们生活中的一件大事。（陈日亮）

很多时候装在肚子里的书是需要时间的发酵的，是需要人生的磨砺的，是需要情智的酝酿的，这是一个"物理"的过程，更是一个"化学"的过程，是一个积累的过程，更是一个拥有才华的过程。（董一菲）

未经表述的阅读都是肤浅的阅读。一个不被挖掘，不被表述的灵魂是深刻不了的，开阔不了的，不被表述的灵魂无法不断地获得重组。不断地表述，实际上就是不断地组建自己的灵魂。（余秋雨）

要真正完全拥有一本书，必须把这本书变成你自己的一部分才行，而要让你成为书的一部分最好的方法——书成为你的一部分和你成为书的一部分是同一件事——就是要去写下来。（莫提默·艾德勒）

读书是一群人的事业，真正的读书应该是一个人的精神远征，但一个人的远征，常常容易迷失方向或者意志松懈，在读书的路上，有一群人相互敦促，相互补充，是一件很幸福的事。（徐飞）

我不生产思想，只是思想的搬运工。用以上8位名家的语录表达读书对自我、对学生、对民族的意义，以及对读什么样的书、怎样读书的理解和认识。

他乡有"故知"

  人是群居的动物,乐群是人的天性。茫茫人海中谁不渴求有三两知己、知音?所谓"求之不得,寤寐思服"。"久旱逢甘霖,他乡遇故知,洞房花烛夜,金榜题名时"古已被奉为人生四大乐事。王勃曰:"海内存知己,天涯若比邻。"鲁迅说:"人生得一知己足矣,斯世当以同怀视之。"可见知音、知己在文人雅士心目中的尊崇的地位。

  "残灯无焰影幢幢,此夕闻君谪九江。垂死病中惊坐起,暗风吹雨入寒窗。"抱病卧床的元稹听闻好友白居易被贬为江州司马的消息时,惊坐而起,不为自己的病体担心,而牵挂好友的遭际。好一个让人泪目的"垂死病中惊坐起"。

  知音难觅,唐代诗人孟浩然反复地感叹"恨无知音赏"和"知音世所稀"。阅读经典时,常常会有这种故知他乡逢的惊喜,会有心有灵犀一点通的默契,当你苦闷众生芸芸谁知我心时,蓦然回首,却发现最懂我的人原来在这里。

  身心健康是一个学生成长发展的根基。在组织学生收看《恰同学少年》时,其中的一个情节刺痛了大家的心,毛泽东的同窗好友易永畦因体弱多病不幸离世。这件事深深触动了毛泽东,也是中华人民共和国成立后他提出"发展体育运动,增强人民体质"号召的一个缘由。"无体育,不清华"是清华大学的一大特色,清华大学原校长蒋南翔提出的"为祖国健康工作50年"号召至今仍被清华大学奉为圭臬。健康是"1",它后面的"0"才有现实意义。基于此,我把"健康第一,快乐学习,人格完美,成绩优异"作为班训。后来在读苏霍姆林斯基、陶行知、陈鹤琴等教育名家的作品时,发现这些大家们不约而同都谈到了健康的重要性。此刻我的心与这些高山仰止的大家,贴合得如此之近,仿佛能听到他们怦怦的心跳声,而得到大师的肯定、认可和鼓励的喜悦又岂是言语所能表达的?

  苏霍姆林斯基在《帕夫雷什中学》中写道:"良好的健康状况和充沛旺盛的精力是朝气蓬勃地感知世界、焕发乐观精神、产生战胜一切艰难险阻的意志的最重要的源泉之一。""我们清楚地认识到,体力的充沛对于孩子的精神生活——智力、思维、注意力、记忆力和专注力起到决定性作用。"

  陈鹤琴认为:"健康是事业之母……如果身体不好,就是有了满腹才能,也不能做出什么事业,所以讲到儿童教育,健康和发育就是一个根本问题。"他在《松林中新生的幼师》中提出做现代中国人必须"具有健全的身体、自动的能力、创造的思想、生产的技术、服务的精神"。他认为,一个健康的人,往往乐观、积极、有理想、有毅力,能担当大任;相反,一个不健康的人,往往消沉、缺少活力,遇事易灰心,难负大任。

  陶行知在《学做一个人》中说:"要有健康的身体——身体好,我们可以在物质的环境里站个稳固。诸君，要做一个八十岁的青年，可以担负很重的责任，别做一个十八岁的老翁。"他在《我之学校观》中写道："学校是师生共同生活的处所。""康健是生活的出发点，亦是学校教育的出发点。"

工作中我认识到家庭教育、家校合作的重要性，受电影《中国合伙人》启发，在2015届高三备考时我提出"教育成功合伙人"的概念。

打造最强成功战队，组建"教育成功合伙人"。学生、家长、老师"三位一体"，目标一致，分工明确，优势组合，守土有责。

老师要做学生发展最优方案的制定者、落实方案的推动者、优化方案的改进者。

学生要做个人发展方案的坚定执行者、集体荣誉的坚强捍卫者。确保主线明晰、精力集中、措施有效、进步明显。

家长要做学生思想、生活、情感的保障者，做学校荣誉的坚定支持者、维护者。责任重大，使命光荣。优秀的班级背后是优秀的家长团队。

与有梦想的人合作，与愿意投入的人合作，与志同道合的人合作。

我很为自己的这个"发明创造"自得了一段时间，天真地以为自己创造了一个新理念，殊不知名家们早就有着精辟的论述。在感到汗颜的同时，我又倍感欣喜，因为这些大师们就在离我不远的地方捋须含笑，默默注视。

朱永新在《我的教育理想》中说："父母是孩子的第一任教师。""推动世界的手是摇摇篮的手。""家庭教育是一个人接受最早、时间最长、影响最深的教育。""未来的社会健康发展取决于未来一代的精神风貌，良好的精神风貌形成来自教育，而教育内部又在很大程度上取决于家庭中的父母教育。""你可以不是天才，但你可以成为天才的父母。"

苏霍姆林斯基说，"家庭以及存在于家庭中的子女与家长之间的相互关系是智育、德育、美育和体育的第一场所""施行学校－家庭教育不仅可以很好地培养年轻一代，而且还可以使家庭和父母的道德面貌完美""凡属削弱家庭教育孩子的一切，同时也会削弱学校。学校一项极为重要的任务：向家长传授教育学方面的基本知识""学校应当密切联系家长公众"。

陈鹤琴认为要为孩子创造良好的家庭教育环境，因为小孩生来具有接受外界刺激、保留刺激和对刺激发生反应的基本能力，父母为他提供怎样的环境，他就得到怎样的刺激并做出怎样的反应。他还指出，家庭教育中父母光有爱不行，还必须将爱建立在理性的基础上，并且以身作则，身体力行地实现对子女人格的感化。因为儿童善恶观念淡薄，知识肤浅，善于模仿，父母又是他们最亲近、最依赖的人，所以，做父母的应当时刻注意自己的言谈举止，切勿给孩子做坏榜样。

正是有了这些大师的肯定,"好友"的鼓励,在做好班级团队建设的同时,我们积极培育家长团队,我们组建了由我任"团长"的"985·211助威团"。我们做物质保障,做情感保障,做心理保障,每一项活动都开展得有声有色,成效显著。

"因为47中这片土地,我们相识相知;因为三班这个集体,我们要守望相助一辈子。让47中,成为我们一生中永恒的话题;让三班,成为我们一生中最温暖的回忆。我爱47中,1314;我爱三班,一生一世。"

2015年6月9日毕业典礼这天,我班家长学生在高考结束后集体返校,开展了一场以"郑州47中,今生我们守望相依的交集"为主题的家校联谊会。这场由家长和学生自发组织的联谊会持续了4个小时,虽不敢说感动了天,感动了地,但足足感动了我们自己,现在每每想起还心潮起伏激动不已。

2017年12月,得知我工作室成立的消息后,2015届部分家长又从各地赶来为工作室加油助力。朱怡自爸爸给我留言:"第一,张老师是儿子的恩师;第二,张老师是儿子与我的朋友;第三,张老师更是儿子与我的贵人。有幸遇见!时常想念那曾经的岁月!"是呀,我们都是老朋友,我们都是好朋友。

马斯洛需求层次理论把人的需求分成生理需求、安全需求、爱与归属感、尊重需求和自我实现五类。古语中就有"士为知己者死,女为悦己者容"的说法,其实知音的渴求就反映了"尊重需求"这一高级需求。

还是让我们重温高山流水、天下知音这个古老的故事吧。春秋时期的俞伯牙,他在停泊的小舟中专心致志地鼓琴,樵夫钟子期竟会听得如痴如醉。当他将仰慕着高山的情思注入音符时,钟子期立即慷慨激昂地吟咏着:"巍巍乎若泰山!"当他挥舞手指弹出浩荡进涌的水声时,钟子期又像是站在滚滚的江河之滨,禁不住心旷神怡地叫喊起来:"汤汤乎若江河!"一方是变幻无穷和神秘莫测的琴声,一方是对这一琴声感应得丝毫不差,历经千辛万苦、千难万险求得的技艺有人能懂,这怎么能不让伯牙感到万分的兴奋和感激?

不必为生活缺少知己感叹,不必为圈子中缺少知音抱怨,如果你感到孤独,请走进经典,与智者对话,与知音共琴。

他乡觅"新知"

——参与"燃梦行动"、读书打卡有感

假期晚上在湖边散步,我经常会看到组织有序的"暴走团"。"暴走团"有领队、有音乐、有队服、有口号,基本上做到了风雨无阻。铿锵的节奏和整齐的步伐常常惹得散步的人好奇,有的人禁不住诱惑也跟在队伍后像模像样地走一段。他们的队伍人数还会不断增加,有因为好奇自愿加入的,也有老队友呼朋引伴招呼过来的。他们因为一个爱好自发走到了一起,因为相守一个爱好成为心有默契的朋友。

人是群居的动物,乐群是人的天性。当你意气风发春风得意时,希望向朋友分享快乐;当你遭遇坎坷、心情郁闷时,希望向朋友一诉衷肠。茫茫人海中谁不渴求有三两知己、知音?知音难觅,唐代诗人孟浩然反复地感叹"恨无知音赏"和"知音世所稀"。王勃曰:"海内存知己,天涯若比邻。"鲁迅说:"人生得一知己足矣,斯世当以同怀视之。"

因为共做一件事,凝聚了一群人。有相同的爱好,有共同的话题,心最容易贴在一起。一群人,一个梦,一起走。走着,走着,就成了志同道合的朋友。徐飞老师说,读书是教师的第一修炼。2020年11月,在郑州市千人教育名家培训会后,受李冲锋教授读书"燃梦行动"启发,我在张建涛名班主任工作室发出号召:"我是张建涛,我在坚持'燃梦行动',3年读100本书。目标虽远,持行必至。持之以恒,久必芬芳。"这是我在寒假前在名班主任工作室群里发的读书打卡召集令,召唤发出后,数十位老师积极行动起来,每天坚持读书、写感悟。李爱叶、韩树声等资深老师也纷纷加入行动中,学校领导也参与其中。读书打卡已然成为一种自觉,成为一道风景。

因为执着一个爱好,壮大了朋友圈。大家读书打卡,碰撞观点,分享感悟,有争鸣,有共鸣,搅动了更多人的好奇,吸引了越来越多的人加入到读书打卡的队伍中。

一些名家的书,高不可攀,深不可测,读起来就像登山,虽最后一览众山小,但过程气喘吁吁、狼狈不堪。梁衡的书不晦涩难懂,却又启人思悟;没有居高临下的说教,却又引人思考;精妙的语言表达,丰富的内蕴,让人一见如故,爱不释手。读梁衡的书,就像郊游,仰观宇宙之大,俯察品类之胜,足以极视听之娱,信可乐也。因为读了《梁衡散文中学生读本》,爱上了他的文学风格,迫不及待把他的《带伤的重阳木》《人向天的倾诉》《心中的桃花源》《把栏杆拍遍》全买来读,并向朋友们进行了推介。读过梁衡的书的许多朋友热情回复,有的朋友急不可耐,火速下单。"看到建涛老师极力推荐梁衡的散文,忍不住暂时抛下'烧脑'的书,愉悦地读上几篇。真的是文质兼美,内容厚重,情感真挚,

绝美的精神享受！'把栏杆拍遍'这个动作，传神地描述了辛弃疾扶栏远眺、望眼欲穿的英雄形象，既表现了他渴望率兵过江、收复失地的决心，又表现他报国无门、不被重用的愤慨。本文是梁衡'写大事、大情、大理'的代表作，让人更深入地理解辛弃疾'爱国志士、爱国诗人'的形象。"这是张宏老师阅读梁衡著作后的感言。

因为阅读经典，对话智者，升级了朋友圈。在阅读经典中我们结识了更多的名家，并与他们成为思想的挚友、精神的知己。朱永新、李镇西、李希贵、董一菲、李政涛、刘良华、梁衡、郑友民、钟杰、鲍鹏山、陈鹤琴、陶行知、苏霍姆林斯基、杜威……我们的朋友圈不仅在变大，而且是高朋满座，胜友如云。

因为阅读，拉长了朋友链。在阅读的过程中，读者通过喜欢的书发现更多期待的书；通过崇拜的作者，认识更多的作者。宝平老师问我是否有李希贵老师的书，是因为他刚刚读完郑友民老师的《有意义，有意思》这本书，书中郑友民老师多次提到李希贵老师的理念和观点。读完李希贵老师的《面向个体的教育》《学生第二》《为了自由呼吸的教育》，会为他"做希望的经销商""只见森林，不见树木"的观点折服；还会发现他推介了卡耐基、彼得·圣吉等新朋友。读完彼得·圣吉的《第五项修炼》，可能会惊掉下巴，因为任正非推崇的"咖啡文化"的出处在这里。

有首歌唱道："千里难寻是朋友，朋友多了路好走……天高地也厚，山高水长流……结识新朋友，不忘老朋友。"不必为生活缺少朋友感叹，不必为圈子中缺少知音抱怨，拿起书本，打开书本，书本内有你懂的人和懂你的人。

走向兴发教学：智育改革的途径与方法

——读《教育哲学》有得

　　兴发教学倾向于赏识教育，但并不反对严厉教育。情感教育的基本主张是让学生在受赏识、被承认的基础上接受严厉教育，让学生"过有尊严的生活"。

　　赏识教育也被称为承认教育，兴发教学的核心精神就是"为承认而教"。学生愿意主动学习，可能有多种原因，其中一个重要的原因是为了在学习过程中获得他人的承认。表面平静的课堂教学依然处处显示出"为承认而斗争"，学生之所以愿意主动进入学校，学生之所以愿意主动学习，是因为这个地方乃是他的"为承认而斗争"的舞台。学生之所以不愿意轻易"转学"进入其他学校，也还是因为这个地方曾经满足了他的被承认的需要。教师之所以成为教师，首先并不因为他比学生掌握了更多的知识，而是因为他能够给学生带来更多的情感激励。但有的教师往往容易忘记自己作为组织者、领导者的激励责任，如果教师没有为学生提供足够的激励，学生在教学活动无法获得教师或同伴的承认，他在课堂里就找不到学习的兴味和生活的尊严。正常的赏识教育往往显示为三种积极的承认：一是关注学生过去的成长经历，肯定其已经显示出来的优点或优势；二是关注学生现在的行为表现，赞赏其最近或当下发生的成绩与成就；三是关注学生未来的潜能与趋向，并对此表达信任或严厉要求，这也是承认的高级境界。高级的赏识教育是让学生对自身的潜力有足够的信心，并愿意接受来自老师或他人的严厉要求。

　　以上为华东师范大学刘良华教授在《教育哲学》中发表的关于兴发教学的一些观点，我对其中的观点深表认同，下面的几个故事或许能为兴发教学做一些佐证。

　　美国心理学家亚伯拉罕·哈洛德·马斯洛在1943年出版的《人类动机理论》一书中提出，人类需求像阶梯一样从低到高按层次分为五种，分别是：生理需求、安全需求、爱与归属感、尊重需求和自我实现。

　　尊重需求是马斯洛需求层次理论中较高的层次需求，春秋时期，知音的传说就很能说明这个道理。春秋时楚国的琴师俞伯牙学琴经历了千辛万苦、千难万险，一天，当他突破技艺的瓶颈后，挥舞手指将情思寄托于高山时，钟子期立刻吟咏出"巍巍乎若泰山"，当俞伯牙将情感寄托于滔滔江水时，钟子期心领神会吟咏出"汤汤乎若江河"。芸芸众生，万千人中竟有一人如此熟稔自己的内心，怎能不将俞伯牙感动得泪如雨下？以至于钟子期去世后，俞伯牙终生不再抚琴，因为世无知音赏，知音世所稀。"懂我"是学生的高级心理需求，更何况获得尊重与赏识呢？

叶小耀校长在多个场合对张建涛名班主任工作室取得的成绩表示高度肯定，校长的认可和热情鼓励，给工作室成员带来极大动力，让我们更加坚定信心，行稳致远。在工作室周岁之际叶校长发来视频祝福："郑州47中张建涛名班主任工作室汇聚众智，立己达人，播撒智慧，传递快乐。11月13日，是个值得纪念的日子，我代表学校向郑州47中张建涛名班主任工作室道一声：生日快乐！一年来，在工作室主持人张建涛老师的带领下，一批有思想、有情怀、有故事、有温度、有厚度的班主任老师脱颖而出。工作室凝聚队伍，集思广益，实现了资源共享、智慧生成、全员提升。工作室开展的主题德育活动形式多样、效果显著，特别是工作室公众号上50多期优质推文，直接阅读量逾10万人次，人民网、腾讯网、搜狐网、百度等门户网站的转发，使工作室的外部影响力和辐射力不断增强，使我校知名度不断攀升，越来越多的学生和家长变成了'涛哥'和47中的忠实'粉丝'。名班主任工作室是一份荣誉，更是一份责任。希望工作室继往开来，不忘初心，汇聚'四园'力量，书写绚丽篇章。"

有时候，一句话就能改变一个人的一生。有一个流传甚广的故事：罗尔斯出生在美国纽约声名狼藉的大沙头贫民窟，这里是偷渡者和流浪汉的聚集地。他从小就受到了不良影响，经常逃学、打架、偷窃。在这儿出生的孩子，长大后也很少有人获得较体面的职业。

一天，当罗尔斯从教室窗台上跳下，伸着小手走向讲台时，校长皮尔·保罗将他逮个正着。罗尔斯有点胆怯，但又装出一副满不在乎的样子站在校长的面前。出乎意料的是，校长不但没有批评他，反而诚恳地说："我一看你修长的小拇指就知道，将来你一定会是纽约州的州长。"他记下了校长的话，并坚信这是真实的、可以实现的。从那天起，"纽约州州长"就像一面旗帜在他心里高高飘扬。在此后的40多年间，他没有一天不按照州长的身份来要求自己。51岁那年，他终于成了纽约州第53任州长，也是纽约历史上的第一位黑人州长。

兴发教学意味着教师把"兴发（兴起和引发学生主动学习）"作为自己的首要责任和使命。兴发教学对教师的提示是：若教学尚未"兴发"，若学生尚未被唤醒、被激励、被引领、被召唤，而厌学逃学，那么，教师宁可停止教学而不必强硬地"对牛弹琴"。"对牛弹琴"固然有牛的冥顽不化的责任，但首要的过失在于弹琴者的鲁莽和盲目。"对牛弹琴式"的教学属于不顾对象、不顾时机的强迫教学。面对厌学、逃学的学生，教师不必简单地抱怨学生的怠慢、冷漠或堕落，更不必简单地指责学生的"人心不古""世风日下"。学生的冷漠、观望、厌学、逃学的情态其实是对教师缺乏兴发教学技艺的反应和回馈。若教师的教学能够以不同的形式满足学生"被尊重""被承认"的情感需要，若教师真实地让学生建立了自己的志业或信仰，那么，学生将会主动学习或自学。

我受到的另一个启发就是：处理问题学生，要"扬善于公堂，归过于私室"，要讲究批评的场合、时间、方式；批评学生时要局部肯定，即便是否定了99%，也要肯定那1%的优点，唯其如此，批评的效果才会收到实效。

被需要、被认可是一种幸福，认可和赞美是一种力量。去赞美吧，让更多的美被发现，更多的人被感动，更多的正能量被传递。

咖啡已飘香，愿饮一杯无？

——读《第五项修炼》有得

任正非喜欢喝咖啡不是什么秘密，在公司，他还鼓励高管、工程师、员工喝咖啡，高管与外方人员喝咖啡甚至还能获得奖励。

为什么任正非如此重视喝咖啡呢？他说："法国的花神咖啡馆是几百年来文人作家的交流场所；摩洛哥里克咖啡馆是二战期间各国间谍的交流场所，不是有《北非谍影》吗？老舍茶馆、成都的宽窄巷子……是用品味吸引人们去交流，你约不到人，咖啡馆就是可被动获得机会的邂逅……"2017年12月11日，任正非在喀麦隆代表处的讲话中进一步阐述道："一杯咖啡吸收宇宙能量，并不是咖啡因有什么神奇作用。而是利用西方的一些习惯，表述开放、沟通与交流。你们进行的普遍客户关系，投标前的预案讨论、交付后的复盘、饭厅的交头接耳……我都认为在交流，吸收外界的能量，在优化自己。"

近日阅读美国"学习型组织之父"彼得·圣吉的著作《第五项修炼》，书中谈到了"世界咖啡馆"和深度汇谈法，读过之后我对任正非的"咖啡论"有醍醐灌顶、豁然开朗之感。"世界咖啡馆"是由华妮塔·布朗和戴维·艾萨克开发的简单有效的大型会议深度汇谈的方法。开始时大家要围坐在小咖啡桌边，聚焦在大家认为意义重大的共同的问题或主题上。在几个小时的时间里，大家加入多个咖啡桌小组的交谈，从而可以了解全体参会人员对问题的看法。沙特石油公司高级副总裁阿尔阿伊得说："咖啡馆的方法对我帮助很大。在研习营上我意识到，这些来自不同背景和不同领域的人，其实面对的是非常相似的问题。通过接触不同的观点，咖啡馆方法帮助我提高了理解力。"

"世界咖啡馆"为什么容易取得良好的效果？一是良好的氛围。人是情绪化的动物，温馨、轻松的氛围很容易感染到人。大家在品味咖啡的环境里进行交流，身心是放松的、愉悦的，有利于敞开心扉。二是非正式性。非正式性有利于打消顾虑，因为在"世界咖啡馆"不谈论合同文本，不谈论正式文件和方案，有利于知无不言言无不尽，不用担心不良影响，不用担心承担责任。三是主体性。所谓"深度汇谈"，是指在这里可以充分发表个人见解，在表达与聆听中求同存异，相向而行，争取最大公约数。四是民主性。"世界咖啡馆"是为了统一思想，凝聚共识，完善行动方案，但不是发出工作指令，不是单向信息传输，也不限于双向信息传输，而是交互的、多项的信息交互，此有呼，彼有应。五是生成性。深度汇谈的成果往往超出预设，惊喜往往在汇谈中出现，智慧的火花可能点燃火树银花，绚丽灿烂。

企业和行政管理需要一杯这样的"世界咖啡"，难道教育中的亲子、师生、教师团队不需要一杯这样的浓香的"世界咖啡"吗？"同声相应，同气相求。"兰州市科学院中学郭浩老师在"'3D4M'家校建设体系"讲座中提到的从"家访"到"家约"、从"开会"到"聚会"的深度汇谈不就是飘散着智慧香气的"咖啡"吗？

"绿蚁新醅酒，红泥小火炉。晚来天欲雪，能饮一杯无？"白居易在《问刘十九》中表现的对友人炽热的情谊、热切的期待是一幅多么温馨的画面。我也想弱弱地问一句："'咖啡'已飘香，愿饮一杯无？"

点燃学生心中的梦想

——读《陶行知教育教学理论》有得

董必武有诗曰:"敬爱陶夫子,当今一圣人。"作为一名教育工作者,应当踏着他为我们修筑的阶梯继续攀登,而不是消闲地站在山下袖手观山,望山而拜。作为一名教育工作者,如果不读陶行知,不积极实践陶行知,那几乎还没有触及中国教育的实质,如盲人摸象,如沙地建楼,可能会误人甚至误国。

陶行知在《学生自治问题之研究》中对学生自治问题有过精辟的阐述:"一、智育注重自学;二、体育注重自强;三、德育注重自治。"这句话的真实含义就是,在教育教学中,要充分发挥学生的主动性、自觉性、创造性,真正让他们成为成长的主体。如何激发学生学习的主动性、自觉性、创造性呢?我的观点就是:让每一位教师都成为出色的火炬手,点燃学生心中的梦想。

梦想,能成为人一生中一切活动的动机和追求的目标。心理学原理表明,一个人动机越强烈,产生的内在驱动力就越强大。对学生而言,有了奋斗目标,有了前进动力,就会充分发挥自身的聪明才智,发挥主动性、自觉性、创造性。一切为了梦想!

梦想——成功的动力源泉

千百年来中华民族的飞天梦想演绎了多少动人的传说,一代又一代的航天人为之呕心沥血,孜孜以求。"嫦娥奔月"从神话变成现实,绕月工程总指挥欧阳自远坦言,自己从小就有飞天的梦想。中国工程院院士、国家最高科学技术奖获得者、杂交水稻之父袁隆平曾经做过一个梦:梦见水稻有高粱那么高,稻穗有扫帚那么大,米粒有花生米那么大,自己躺在水稻下乘凉。多么美好的富民梦,多么让人神往的强国梦。正是这个梦想让袁隆平为之不懈耕耘着,他研究出超级杂交水稻,为解决我国及其他国家的"吃饭问题"作出了重要贡献,他的突出贡献受到联合国粮农组织的嘉奖。揭开门前大石头的奥秘成为李四光的梦想,这个梦想最终成就了一位出色的地质学家。莱特兄弟梦想像鸟儿一样在蓝天下自由飞翔,最终让飞机成为缩短空间距离的交通工具。陶行知在《创造的教育》中为儿童节写的儿歌就很有启发意义:

(一)小盘古:"我是小盘古,我不怕吃苦。我要开辟新天地,看我手中斧。"

(三)小牛顿:"我是小牛顿,让人说我笨。我要用我的头脑,向大自然追问。"

不难设想，只要我们点燃孩子梦想的火把，不知会涌现多少欧阳自远、袁隆平、李四光、牛顿……

唐代文学家韩愈说："师者，所以传道受业解惑也。"如今，在提升学生核心素养的背景下，在培养堪当民族复兴大任新人的征程上，如何培养学生的创新精神和实践能力，使之成为合格的社会主义事业接班人成为教育的热门话题。教师要在这一重大育人工程中义不容辞地担负起火炬手的神圣使命，点燃学生心中的梦想。

如何点燃学生心中的梦想呢？

（一）开发课程资源，因材施教

学生有较强的模仿心理，可以利用名人效应，向学生展现不同领域为人类社会作出过巨大贡献的英雄人物和名人事迹。现在的教材进行了新一轮的课程改革，新课改指导下的教材编排有了很大变化，为充分发挥对学生的教育功能，教材中选编了许多名人故事和动人事迹，教师应该充分利用这一宝贵资源。不同学科的教师可以结合学科特点点燃学生梦想，激发学生激情。喜欢体育的学生，我们可以和他聊聊全红婵、马龙、孙颖莎；喜欢物理的学生，我们可以和他谈欧阳自远、栾恩杰、孙家栋；喜欢生物的学生，我们可以和他谈袁隆平、李振声、施一公……我们应该相信榜样的力量是无穷的，孩子们只要心中有榜样，他们的行动就会有方向，他们的拼搏就会有力量！做自己梦寐以求的事，他们就会充分发掘自身潜能，调动自身的自觉性、主动性、创造性。

（二）根据学生心理特点，用科技点燃学生梦想

结合学生好奇心强和兴趣广泛的特点，及时给学生展示科技发展的最新成果或用尚未破解的科学难题点燃学生心中梦想。众所周知，著名数学家陈景润正是在"哥德巴赫猜想"这一悬而未决的世界难题吸引下，一步步登上数学宝殿，摘取数学宝殿中的耀眼明珠的。现今的科技发展日新月异，我们都知道自古"水火不容"的道理，但这一定论却在悉尼奥运会被彻底颠覆，澳大利亚的科学家在水中点燃奥运圣火的神奇场面，让人惊异于科技的力量。2008年奥运圣火传递登上世界之巅——珠穆朗玛峰，这一惊世之举不知会激发学生多少奇妙的想象。医学的基因疗法、蔬菜的无土栽培、DNA（脱氧核糖核酸）的神奇应用、北斗卫星定位、量子科技、人工智能的发展等前沿的科研成果正在走进我们的日常生活，只要我们适时地对学生加以引导，爱科学、学科学、用科学的热潮一定会在学生中掀起。

（三）形式多样开展体悟式教学，组织学科兴趣小组

开展小实验、小调查、小活动，调动学生的参与意识，让学生在体验中感受学习的乐趣、探求的魅力。在活动中，教师要抱着鼓励欣赏的态度看待学生的成果，用发展的眼光看待学生的进步，让学生在实践中养成科学精神、科学态度、科学素养。让学生心中的梦

想熊熊燃烧！

（四）加强学习，完善自我

要做到以上三点，教师要不断加强学习，与陶行知、叶圣陶、朱永新等教育大师对话，不断完善自身知识结构，开阔教育视野，激发教育热情。在工作实践中，教师要用先进的教育理念教育学生，用科学的方法手段指导学生，用高涨的热情带动学生。教师既要甘居陋室又要心怀天下，"蛟龙"入海、"嫦娥"探月、"一带一路"，都应进入教师备课范围，都要成为点燃学生梦想的火种。

有人喜欢用"春蚕到死丝方尽，蜡炬成灰泪始干"的诗句来歌颂教师的奉献精神，我更愿教师是一条常流常新的小溪，泽被山林，成就自己；我更愿教师是一名出色的火炬手，点燃学生心中梦想，成就学生，辉煌自己！

第 11 辑

生活思悟关成长

古人之观于天地、山川、草木、虫鱼、鸟兽，往往有得。文惠君观庖丁解牛得养生之道，王安石游褒禅山悟成功之道。生活是个大课堂，日常发生的故事中往往蕴含着启人深思的道理。本辑选取了一些生活小事，也思考了一些关于教育、关于成长的道理。

常常想起那棵树

已经过去多年的时间，许多事物都已淡出记忆，而那棵树常常萦绕在脑海，时时出现在心头。你可能会说，那一定是一棵让人特别震撼的树，如胡杨般扎根沙海，如青松般挺立黄山，或如香樟般华盖四季吧！不是，统统不是，即便是普通如法国梧桐、随处可见的白杨、临水而立的垂柳，它也比不上。这是一棵其貌不扬的树，说它其貌不扬已是有些夸张，确切地说，它是一棵"丑"树。

2018年，在云南九乡，《神话》的取景地，我乘坐电梯下到数米深的谷底，一边是嘈吆如钟鼓不绝的暗河，一边是偶尔瞥见一线天日的人工便道。在崖壁一米见宽的便道，人流如织，这么一棵无名的小树竟然立在路的中央，游客稍不留神或许还会撞个正着。一对情侣低头抠手机，"哎哟！"女孩一不小心撞在树上。"该死！为什么不砍掉？"男孩愤愤地说。男孩的话引起了我的注意，我也留心打量了一下这棵树：稀疏的叶子，佝偻的身体，歪歪扭扭，无精打采。观看无欣赏价值，取材怕是百无一用，甚至当作柴禾也不经济，因为它生长的位置太偏狭了。

我不禁感叹，它的存在是多么小概率的事件呀。如果没有扎根处恰巧的一抔土壤，不知它会何以立身；如果不是恰巧有一线天日，不知它能不能在"暗无天日"的崖壁下展示顽强生存；如果不是修路的匠人……我不敢再往下想它的命运。

不知匠人们在保留它时是否经历了争辩，毕竟有太多的理由可以把它砍掉：不利于游客通行，没有观赏价值，不是稀缺物种……任何一个理由都可以轻而易举地剥夺它的生命。

这是一棵足够幸运的树，它确乎是修路的工匠师傅刻意留下来的，在它的腰身部位和栈道重叠部位，师傅们为它后续的生长刻意留出了足够的空间。

开始，我也觉得不可思议，怎么会把这样一棵树留在这里？看到师傅们的刻意之举，我不禁心头一震，不仅对工匠师傅心生敬意，我的脸也开始有些发烫。他们没有因为自己手里有工具就刀砍斧削，没有以便利游客之名将它斩草除根。是啊，我们有什么权利剥夺它生长的权利？我们有什么权利剥夺它选择的自由？在云南自然不乏奇花异树，但是不能因为有优秀的存在就剥夺普通的存在。

李希贵曾说，发现那棵树，需要一种眼光，一种整体观感之外关注个体的眼光，不能"不见树木，只见森林"。发现那棵树，需要教育者的胸怀和柔软内心，由于我们的成长经历和价值判断，也由于社会发展和历史积淀，在我们每一位教育者的内心，都早已经有了理想之树的轮廓，甚至清晰的标准。

这些被称为匠人的师傅们给我上了一课，我感到汗颜，教育中多少司空见惯的事需要我们反思：常常以标准抹杀个性，常常因整体剥夺个体，常常用管理代替教育。当然统一、标准、整体也是教育的重要内容，但不是全部，更不能成为唯一。

正如那棵树，学生也有选择的自由、生长的权利。包容个体与个性，体现的是教育者的情怀和胸怀；成就个体与个性，体现的是教育者的智慧与高度。允许个体与个性存在，教育才能真正发生。

思绪恍惚中，仿佛一丝微风透过来，小树的叶子也变得精神了，还调皮地吹起口哨，模样变得越来越可爱。

如果你手里有一粒石子，你会……

如果你手里有了一粒石子或一块瓦片，你会用来干什么？告诉你我的答案吧，如果是我，我会用来打水漂。

记忆中儿时的雨水特别多，降雨量也特别大，村子的沟沟壑壑和池塘常常水满为患。到池塘洗澡被大人发现是要受惩罚的，但是在池塘边打水漂是不受限制的，而且别有一番趣味。小伙伴们手持瓦片掷向水面，看谁的瓦片连级跳的次数多，看谁的瓦片激起的涟漪多，一块又一块瓦片投进去，一个又一个涟漪荡漾起来，一圈又一圈的水晕扩散开来，水晕越来越大，不同的水晕交汇，重新荡开……

这个儿时的游戏和我们从事的教育工作有着神奇的相似之处，你不经意的一句话可能会影响到某个角落的某个人。这是教育的魅力之一：偶然性、非连续性，甚至非接触性。

一天，我在整理工作室的书架时，一本深红色封面的书吸引了我的目光——《教育哲学》，我犹豫了一下还是取了出来，心想也试着读一读"高冷"的作品吧。"军事教育是战乱年代的体育，体育是和平年代的军事教育。""教育更像农业，有一定的规律。从自然法则的视角来看，所有生物的生长都遵循三个基本法则：一是自动或主动地生长；二是安静而整体地生长；三是有条件地生长。"我一下子被里面新奇的观点和详实的例证征服了，一口气读了80多页。后来，忍不住在班主任工作室的群里发了这本书的图片，说了这样几句话："好书！""看名字，拒人千里；看内容，爱不释手。""谁需要可以找我拿钥匙到工作室借……"我这条消息还没发送，"京东已下单"——大鹏老师在群里回了一条信息，"京东已下单"——另一位老师回复道。投入工作室的这粒"石子"，竟然在几分钟的时间内就荡起了层层涟漪。两天后工作室例会时我得知已有6位老师借到或买到了这本书。"既然大家手里都有这本书，我们这期的班主任沙龙就分享《教育哲学》里的智慧吧！"我提议道。"好！"大家兴致高涨。"劳动教育""德育""赏识教育""体育""教育之礼"等分享主题一一明确了发言人。我好像又在工作室的"池塘里"丢下了一粒"石子"。

我校教育集团各校区的主管领导大力支持这次读书沙龙，一场读书的盛宴开启了。老师们结合自身的工作体验和读书感悟进行了精彩的展示，两个小时后仍意犹未尽，与会的老师也纷纷表示不虚此行。有老师感慨："这是一场来了不想走，走了还想来的读书会。"我在想，这场读书会说不定又成了投向老师心湖的一粒"石子"，也会激起涟漪，荡开水晕……

一天接到湖北廖先生的电话，说邀请我到他们公司讲课，"到公司讲什么课呢？"我当时就很纳闷。"家庭教育。"廖先生说。"家庭教育？""嗯，是的，我们公司的领导听过您讲课。""听过我讲课?"我就更纳闷了。我做的"家庭教育"主题讲座屈指可数,我在2018年郑州市公务员大讲堂讲过,在杭州卓越教师培训班做学员时讲过,在思齐实验中学讲过,在我校高中部讲过……莫非是在郑州市公务员大讲堂那次?谜底在两个月后揭开了,我利用假期完成了这次解密之行,到了公司见到老总才知道情由。原来,这家公司老总的孩子在郑州某初中读九年级,在孩子参观郑州47中高中部那天,学校安排我给来访的家长做了一次"做智慧父母"的讲座,这场讲座引发了这位老总的共鸣。这位有情怀的负责人要把这项福利送给自己的员工,所以就有了这次讲课之约。

在这场讲座的开头,我用儿时打水漂的故事,讲教育的偶然性和神奇性。讲座中,我还提到优秀文学作品和影视作品对孩子的影响。结束时这位老总给我推荐了一部对他影响深远的电影《奇迹男孩》,回家看这部电影时,我被电影的片头惊到了,一块瓦片正跳跃在水面上,激起的水花连成了一个又一个弧线。

如果你有一粒石子或一块瓦片,你会做什么?请把它投入平静的水面吧。如果你有很多石子或瓦片,你会做什么?请把它们接连不断地投入水面吧!

念念不忘，必有回响

如果你手里有一粒石子，我建议你将它抛向平静的水面；如果你有许多石子，我建议你持续不断地将它们抛向水面。因为，你可以听到响声，看到涟漪，看到水晕一波一波荡开的样子，甚至，还有意想不到的惊喜。这是我在一篇文章中提到的感悟。

2019年5月24日下午，我到我校初中部为九年级学生做"非常之事必待非常之人，非常之时必待非常之举"的励志讲座，讲座结束后，我急匆匆地下楼要赶回高中部。一个清脆的声音从身后传来："张建涛老师您好，我能请您吃颗糖吗？""请我吃颗糖？"好有趣的请求。我转过身来，看到一张充满青春朝气的脸，眼角眉毛都带着甜甜的微笑。我看了一下校服说："你是思贤（我校初中的分校）的同学？""对呀，今天上午您给我们做报告，讲的内容我都记下来了。刚才在窗外听到您讲课的声音，就过来了。"说着还摇了摇手里的书本。"你是思贤的学生怎么会在这里呀？""哦，明白了，你是老师家的孩子。""嗯嗯，我妈妈是初中的袁老师。""我知道了，你是哆来咪吧？""是呀，我妈妈的好多文章写的就是我的故事。"上午思贤、下午初中部连续两场讲座的疲惫，因为和袁老师家宝贝女儿的偶遇一扫而光了。此有呼，彼有应。召唤与应答是教育最本质的活动形式之一，教育的魅力就在于互动，在于有人回应你的召唤。

对孩子来讲，小零食一定是最有诱惑力的东西之一。有时外出学习老想着给在学校望眼欲穿的孩子们带点什么礼物，重庆的小麻花、昆明的鲜花饼、青岛的风干小海鲜都会引来孩子们好一阵子兴奋。期末这段时间，事务繁杂，我常常感到身心俱疲，力不从心。一天，回到办公室，我发现电脑上留了一张纸条，上面还压着一片口香糖。"张老师，早上好，我们都觉得您工作太辛苦了，您昨天看起来很疲惫。如果诸事繁杂，请您也注意休息。您经常提醒我们劳逸结合，也希望您适时放松一下。谢谢您！"透过文字传递出来的温度，瞬间就把我暖化了。

天之涯，海之角，牵挂每一分，每一秒。"老师，国内我们公司拥有独家使用权的小番茄，您要尝个鲜。"在北京高科技农业产业化龙头企业的杨亚丽说。东北师范大学的李晨辉说："老师，中秋节到了，祝您节日快乐！我们学校餐厅自制的月饼，要和您一块分享。""老班，厦门的青芒，你必须尝尝。"厦门大学的彭昊给每个老师寄来一个芒果。收到更多的是祝福，禄欣霖说："老师，昨晚失眠了，想念高中的日子，想您给我们上课的情景。"其他同学说："老师，学弟学妹们都很听话吧，不像我们那么调皮吧？""老师，您一定要注意休息，别太累了。""老师，有时间来重庆吧，我给您当导游。"

李叔同的《晚晴集》中提到，世界是个回音谷，念念不忘，必有回响。你大声喊唱，山谷雷鸣，音传千里，一叠一叠，一浪一浪，彼岸世界都收到了。

我在一篇文章中写道，如果我手里有一粒石子，我会用来打水漂，如果有多粒石子，我会接连不断地将其投入水中，因为若干个波纹会在自己无法预料的某处相遇，重新荡开到无法预知的某处。这是教育的魅力之一，偶然性、非连续性，甚至非接触性。在这里，我想说教育的魅力还在于必然性、互动性和因果相连，它能给你带来预期，带来希望，念念不忘，必有回响。

我又想起了儿时打水漂的情景，小伙伴们一个又一个将手里的石子和瓦片掷向更远处的水面。

神奇的"太阳花"

2015年11月，郑州遭遇了多日的"十面霾伏"，真是"天似穹庐，笼盖四野"。灰蒙蒙的天空，沉甸甸的心情。

一天早晨，走到教室门口，看到久违的阳光从东边放散开来，我心中顿时惊喜万分，"太阳出来了！"这时对周邦彦《苏幕遮·燎沉香》中描述的"鸟雀呼晴，侵晓窥檐语"有了更生活化的理解。我激动地拿起手机对着东边实验楼上的那片亮光按下快门，在翻看拍摄照片时，一个意想不到的画面把我惊呆了，一朵美丽的"太阳花"竟然悬浮在一片葱绿的冬青上，粉红的花瓣，黄色的花蕊，在金色的阳光下与冬青若即若离，傲然"绽放"。事后我不禁感叹："当你带着欣赏的目光赞美阳光时，太阳也会乐开花！"

一个"赞"成就一个精彩的瞬间，成就一个歌手的梦想。中央电视台有一档综艺节目——《梦想星搭档》，在每组选手表演结束后，随着主持人撒贝宁"请点赞！"的话音落下，现场的观众评委会按动手中的点赞器。这时，选手身后的电子屏上的光点会一个一个亮起来，一层一层地亮起来。当数百个"赞"在选手身后亮起来的时候，就像孔雀在次第展开美丽的羽毛，这时候最激动人心的时刻到来了，选手在舞台中央，宛若开屏的孔雀般耀眼夺目。

清华大学附属小学校长窦桂梅认为心中要装着的是学生的差异而不是差距，要把微笑、感谢、赞美当作职业语言。著名教育家陶行知说："在你的教鞭下有瓦特，在你的冷眼里有牛顿，在你的讥笑中有爱迪生。你别忙着把他们赶跑。你可不要等到坐火轮、点电灯、学微积分，才认识他们是你当年的小学生。"如果把一百次否定变成一百次肯定与表扬，说不定一个"天才"就诞生了。

教育是彼此的成全，而不是消磨。认可和赞美是一种神奇的力量；被需要、被认可则是一种莫大的幸福。许多学校开展的"最美学生""最美教师"评选，让更多的美被发现，更多的人被感动，更多的正能量被传递。一个个身边的榜样让集体焕发出温暖的光芒。

让学生站在舞台中央，让学生上班级故事的"封面"，让每一位学生被看到。2012届的国宏班开展了"感动一班人物"评选，收到了很好的效果。

以下为2012届国宏班"感动一班人物"颁奖词。

郜丹：率真女孩

你最美，飘扬的黑发，有如你飘扬的热情；你最痴，默默付出从不计较回报；你最傻，将乐观摆在外面发光，任不快在心底腐烂；你最直，话语如黄河水奔流而东不复回；你最羞，面对赞美言辞躲避之。郜丹，你如此贴近地感动着我们！

韦玉麒：青春最美

你灵巧的身影定格在篮球场上，你有见地的发言回响在课堂上，你的孜孜不倦带动身边的人蓬勃向上，你用青春的活力创造最动人的辉煌。有你，就永远没有伤痛，没有忧愁，没有疲惫。韦玉麒，你的善良纯粹撒播着无言的感动。

康玉冰：播撒阳光

你，是阳光的代名词。无论怎样寒冷，有你的地方没有阴霾；无论怎样遗憾，有你的地方总有欢笑；无论怎样迷惘，有你的地方总有方向。你是青春岁月里一抹亮色，整个班级因你的存在加倍敞亮。

王倩：从容淡定

活泼可爱是外表，开朗乐观是秉性，挫折面前显淡定，桂冠面前自从容。一言一行是标杆，披荆斩棘共前行。

付青：分享成长

学而从不厌，诲人不知倦。面对同学们的讨教，你不厌其烦，细致认真；面对老师给出的难题，你思维活跃，智慧溢满。是你，让我们在学海中找到乐趣；是你，让我们体会到分享的温暖。

崔晓丽：功成于细

只是轻轻一瞥，便望到你清秀飞扬的字迹；只是抬头一望，便有了拼搏的动力。你把平凡而琐细的工作做到极致，让我们领悟，时光匆匆如白驹，功成自在点点滴。

柴龙谦：亦谦亦高

你总是在微笑，用温暖的笑容点亮传递知识的白板；你总是在奉献，以诚恳的态度点开铺满知识的网页。你腼腆质朴，是我们的好朋友；你敬业乐业，是一班的好电教员。柴龙谦，谦然成就高度。

郭维：激情无价

帅气的身影成为教室的一道亮丽风景，纯正的口语唤醒我们的学习热情；你用沉默展现出思想的深度，用激情诠释梦想的高度。锲而不舍，孜孜以求，一班的传奇有你的手笔。

李宏伟：奉献是歌

早上，大家都没来，你已来了；晚上，大家都走了，你还没走。"三点一线"执着路，一路奉献一路歌。桃李不言勤服务，下自成蹊显风格。

张露：无悔坚守

忘不了，你为了梦想坚守在物理竞赛班的身影；忘不了，你为了责任奔走在教学楼内外的步履。花季少女，却承担了树的责任；风沙无情，但依然笑对人生。不解挡不住你前行的脚步，时间会记住你无悔的坚守。

你们在，就不冷！

2018年1月7日至8日，我参与了河南省教师资格证考试面试工作。7点集合，天还未亮，我坐第一班公交车赶往市区的考点。这天正赶上天公发威，开启了速冻模式，气温零下7摄氏度，新年的第一场雪也如约而至。考点提供的可口的早餐让从风雪中赶到的老师感到了温暖。8点，主考官宣讲完注意事项后，各学科考官就进入了考场。往日热闹的教室变得空空荡荡，只剩下4张评委用的课桌，视觉的空阔和触觉的敏感让我们真真切切地感到了冷空气的威力，往日暖融融的教室简直成了大冰窖。尽管工作人员早已把空调打开，大家还是冻得瑟瑟发抖。各位考官见面的寒暄语都变成了："冻死了，这天太冷了！""真要命，教室也太冷了！""是空调不制暖吗？平时也没这么冷呀！"一位老教师说话了："那可不！平时学生都在，每个孩子都是一个小火炉，一个班还不得是一个小太阳呀？"想想也真是，即便是冬天，哪个老师讲完课不是热气腾腾地回到办公室？

我不由得想起几天前的一件趣事，课前例行巡班，感觉教室有点异味（我班规定不允许学生在教室吃东西），我随口说了一句："什么味呀？"一个学生半开玩笑地答道："人味。"这个让人又好气又好笑的回答一时让我语塞了。那个学生并未察觉我的不快，又跟了一句："老师，真的是人味。"回头一想，孩子说得没错，教室可不就是充满了"人味"吗？充满了暖暖的"人情味"。

那些暖人的"人情味"，让人感动，让人回味。

2015年暑假，我有机会到华东师范大学做短暂的学习，安顿好之后，我给在上海交通大学读研的学生孙峥发了一条短信："孙峥，在学校吗？""嗯，在的老师。""老师，您来上海了？""在哪儿，我去找您。"孙峥一连串的话语让我倍受感动，孩子们都已经毕业6年了，凭一条短信，读出了老师的行踪，没有心中的常相牵挂，怎么可能会有这样心有灵犀？

2017年9月，我送女儿到大学报到时，已经大学毕业在当地工作的学生李洋早早就到女儿学校等我们了。女儿第一次远离父母，只身求学，不知能不能适应新的环境？不知道会不会想家？李洋看出了我的顾虑，安慰我说："放心吧老师，我会照顾好妹妹的。"有这个贴心的姐姐在，着实让我放心许多。

学生们的内心里，从来就没有责怪过老师。说来愧疚，执教20余年，早已过了眼睛里揉不得一粒沙子的年龄，可是有时"爱之深，责之切"的职业惯性又会不自觉地拗起来，真应了那句话："冲动是魔鬼。"有一件事我至今想起来心里都会隐隐作痛。2010年，一节语文课上，小艺在课堂上打瞌睡，也不知那天我怎么有那么大的火气，暴跳如雷，还失手用书打了孩子两下。放下书，心里就自责，"万一吓着孩子了怎么办？"下了课我郑重向学生道歉。小艺不仅没有怪我，还说："老师，我知道自己的缺点，您要求我是关心我，我初中的班主任就很严厉，我才有机会考到郑州来上学。"小艺考上了一所重点大学，现在在上海有了一份很不错的工作，教师节、中秋节、国庆节、元旦、春节，我总会收到小艺的祝福短信。说真的，我一直为这次事件后悔，但是孩子从来就没有责怪过老师，懂事的孩子，把老师的过错和严厉当作一种别样的爱。谢谢你，小艺。

在学生的"词典"里，老师永远都是"最高级"。想来都感觉惭愧，当我们习惯用"比较级"评价你们"不错""挺好""还行"时，你们给予老师的总是"最高级"的表达。"老师，您是我遇到最好的老班，没有之一。""老师，遇到您，我爱上了语文。""老班您是最出色的大厨，专为我们煲各种心灵鸡汤……"

学生给老师的颁奖词总是穷尽表达的极致来赞美老师，可爱的孩子们，你们总能触摸到老师心里最柔软的部分，满足老师小小的虚荣心。

现摘录2014级、2017级任教班级同学为我写的最美教师颁奖词如下。

2014级最美教师张建涛颁奖词

"兵戎沙场"，您一马当先，带队前往；激情课堂，您旁征博引，焕发知识的光芒。黑板上，多少句忠告刻骨铭心；班会上，多少句誓言荡气回肠。您用眼神传递坚定，用笑容传递关怀。您倡导健康、快乐、拼搏、坚强。奋力拼搏，高三无畏，精彩未来，我们一起描绘。您，在我们心中是最美！

2017级六班最美教师张建涛颁奖词

如果有一种力量可以指引人生的方向，这其中一定有您的光芒；如果有一种声音可以影响一个人的思想，这其中一定有您的嘹亮。

是您，带我们领略文中的风景；是您，让我们感受到语文的魅力。您致力于做最专业的教育，您说："你不懂我，我不怪你。"

谢谢您包容我们的骄傲与快意，带我们扫平学习路上的坎坷崎岖。跟随您的身影，倾尽所有真心，向您学习。

清华大学附属小学校长窦桂梅说："选择从事基础教育的教师，你不是电影明星，更不能一夜暴富，你是泥土，在学生未来对社会的贡献中体现自己的人生价值；在学生今日的爱戴和未来的回忆中，实现富有乐趣与成就的人生。"

风遇见了云，就有了雨；冬遇见了春，就有了岁月；老师遇见了学生，就有了温暖的故事。有你们，真好；你们在，再冷的冬天也不怕！

"问题少年"的蜕变密码

孙悟空在随唐僧西天取经之前，是一个十足的"问题少年"，甚至说就是个"混世魔王"。他天生反骨，不服从、不屈从、不顺从是他性格的重要特征。他破石而生，"不伏麒麟辖，不伏凤凰管，又不伏人间王位所拘束"，闯龙宫、搅冥府、闹天宫，与天斗、与地斗，搅扰得天昏地暗、人神不宁，最后被镇压在五行山下。

这样一个顽劣不堪、破坏能量巨大、搅扰得世界片刻不宁的"泼猴"最终修炼成佛，不能不说是一个奇迹。孙悟空从"问题少年"到修身成佛的转折点在于他参与了"西天取经"这个伟大工程，加入了以唐僧为首的取经团队。余党绪说："参加取经团队，是他成长的一个转折点。他告别了早年极富破坏性的奋斗，将自己融入社会，融入团队，融入富有道德色彩的取经事业。"

如果孙悟空没有参与西天取经会是什么结果？要么在岁月的磨洗中消尽戾气泯然众人，要么蓄积更大的破坏能量闹腾个山崩地裂人神不宁。于教育者而言，不管是哪个结果都不是我们期望的。一则孙悟空本性善良，又有超出常人的能力，不能向善的方向发展实在可惜；二则他只是追求自由不愿受约束，如果把它归为异类，最终引发恶念，走向暴力破坏的极端，实在遗憾。

唐僧团队是孙悟空实现转变的关键人物（重要他人），"西天取经"是孙悟空实现转变的关键事件。孙悟空脱胎换骨的变化以常人的眼光看是不可思议的，从专家的角度看又是在情理之中的。华东师范大学李伟胜教授的观点能很好地解释孙悟空蜕变的原因，给出其转化的理论依据：集体活动是个体发展不可缺少的关键因素。促进个体生命全面发展、改变人的生存方式的关键因素是群体交往和群体活动。正是这些关键因素，学生的思维得以激活，而不是陷入固化；使学生个体的学习有了更强劲的新动力，而不是仅仅为了完成认知任务；使高级的心理机能得以发展，而不至于停留在孤独的更低层次的心理活动，人类特有的意义感得以生成，从而超越平庸苍白的生存状态……有了这个关键因素，进而开发出充满生命活力的发展资源。

李伟胜教授讲到，"意义感受"可以激发学生的生命豪情，提升学生的内驱力。我理解的"意义感受"就是一个人在参与集体活动中的使命感、责任感、荣誉感和归属感。意义感受从何而来？主要产生于自己投入群体活动的与主观体验有关的特殊生活情节。缺乏群体活动、缺乏"情节记忆"、缺乏意义感受、缺乏自我提高的内驱力，也就难以实现"有意义的学习"，也会让学生"没了自我"。

在 2021 年元旦这天，学校为了丰富教职工生活，活跃迎新气氛，举行了教职工比赛。

这种比赛有很强的娱乐性质，其中的一场坐地拔河比赛无论对于场上的队员还是场下的啦啦队员都是紧张刺激，甚至是刻骨铭心的。拔河高潮时竟然把绳子都拔断了。中间还有一个小插曲，因为争执规则问题，一向文静的女老师还闹红了脸。一场普通的娱乐赛为什么硝烟味这么浓？是因为老师们把一场普通的娱乐赛升华到了各年级的集体荣誉感、向心力和战斗力上来认识，把取胜当作自己志在必得的使命，一次普通活动成了一场被赋予丰富含义的活动，每个参与者的主人翁意识、责任感和使命感得到极大激发。

于成年人而言尚且如此，于学生而言更当如此。激活学生内驱力的关键在于创设高品质的集体活动，激发学生的生命豪情。

比如参加运动会、校歌班歌比赛、班级文化建设比赛、英语风采大赛等活动，让学生在关键事件中获得"情节记忆"，获得意义感受，获得成长的内生动力。

还记得《放牛班的春天》的故事吗？

"池塘底学校"虽然名为学校，实际却是"教养院"。这里聚集了众多的问题少年，偷盗、说谎、抽烟、搞恶作剧对他们而言都是家常便饭。在这里你看不到教育、教化的影子，那厚重的大门、特定时间特定地点的会客安排、关禁闭罚劳役的处罚等近乎军事化的管理使这里更像是一座监狱而不是学校。

但这一切，都因为一个"失败"的音乐家、小小的代课老师克莱门特·马修的到来而改变。当他发现孩子们喜欢唱"歪歌"时，萌生了组建合唱团的想法。也正是这个关键事件，将大家都认为不可救药的孩子从歧途上引领回了正路。他创造了奇迹，他从这些让所有人都失望的孩子中培养出来世界著名的指挥家皮埃尔，并让受他教化的学生在几十年后满怀着敬慕和热爱的心情来怀念他。

让主题活动凸显生命"旋律"——每一段生命的成长都以合作解决真实的发展问题为标志，释放学生的生命豪情与智慧。做学生成长历程中的关键人物，抓好关键事件，激发豪情，激发内驱力，让每一个主题活动成为学生班级生活的一个"乐章"，表达学生生命成长的内在"节律"。

用爱与智慧托起明天的太阳

吕型伟先生说,教育是事业,事业的意义在于献身;教育是科学,科学的价值在于求真;教育是艺术,艺术的生命在于创新。著名教育家陶行知先生曾对教师说过一句名言:"在你的教鞭下有瓦特,在你的冷眼里有牛顿,在你的讥笑中有爱迪生。"

每年的节假日,我都会收到很多毕业学生问候的电话、短信,每年都有一批又一批的毕业学子回到母校,来找我聊天,汇报近况,共话往事。元旦到了,一个外地的陌生电话打来,"老师,新年到了,祝您新年快乐,上学时不太懂事,惹您生气了,向您说声对不起。班级事务多,您一定要多注意身体,别太劳累了。" 听着熟悉的声音,我沉浸在幸福之中。打这个电话的同学是学生中比较特殊的一个,他叫亮亮(化名)。他的家庭情况十分特殊,幼年时家庭出现变故,父亲再婚后远赴外地打工,常年不回河南老家,这个孩子平时由几位姑姑负责上学的开销和思想工作。由于缺乏父母的关爱,一个人在郑州上学,时间长了,出现了一些问题。一是比较自卑,不爱交流,没有同学愿意和他坐同桌,二是养成利用周末外出上网的习惯。高一班主任就对这个孩子十分头疼,怎么办?放弃管理吧,辜负家长的信任和期待,也有违自己的职业责任感;不放弃吧,孩子的坏习惯已经积重难返,多次做工作,成效也不明显。最后还是下定决心,一定要把这个孩子从歧路上引导回来。

事情要一件一件来,缺点要一个一个改。针对自卑问题,我找了一位性格开朗、热心助人的同学和他坐同桌,并在私下找同寝室成员和班级相关同学谈话,让大家认识到每位同学都是班级不可或缺的一分子,帮助同学进步是大家共同的责任,要让亮亮同学感受到集体的温暖。这位同学渐渐在集体的温暖中变得开朗起来。我又有意识地安排他参与一些班级活动,慢慢地他变得自信了许多。

针对上网问题,我和他一起观看相关视频,让他明白交友的重要性,要交正能量的朋友,同时自己做一个充满正能量的人。我还请政教处的李主任给他讲纪律的严肃性。在高三下学期冲刺的紧要关头,我和他的家长沟通,我说生意耽误就耽误一阵子,孩子要是耽误了可是耽误一辈子。爸爸从外地回来陪孩子一周,最后两个月,继母赶回来陪孩子直到高考。6月24日晚成绩发布那天,我在凌晨查到了每个同学的成绩,亮亮刚好够一本线。我特别高兴,不是因为多了一个一本指标,而是因为我用自己的努力为孩子赢得了未来。家长感激之情溢于言表,我没有丝毫的骄矜之情,因为我是老师,我是班主任,当高山托起小树的时候,并不是为了将来能够享受它的阴凉。

亮亮的故事给我带来几点启发:

一是对问题学生的转化,既要有发自内心的爱,也要懂得爱的艺术。从爱出发,爱既是教育的手段,更是教育的目的。心理学家认为,情感是启发、发展和维持认知活动的动力，是构成心理素质的重要成分，没有情感就没有智力。斯卡特金说："未经过人的积极情感化和加温的知识，将使人变得冷漠，由于它不能拨动人的心弦，很快就会被遗忘。"著名教育家霍懋征的座右铭是"没有爱就没有教育"。热爱学生是教师的天职。只有热爱学生，才能从内心迸发强大的力量，献身教育事业而乐在其中；只有热爱学生，才能勇于对学生的今天和将来负责，不断创新教学实践和教育管理。以爱育爱，才能使学生体验爱，理解爱，付出爱。以爱育爱，体现的正是教育家本人崇高的人格魅力。

二是打好感情牌，赢得学生的认可。工作中要呵护学生自尊心，晓之以理，动之以情。马斯洛需求层次理论是人本主义科学的理论之一，由美国心理学家亚伯拉罕·哈洛德·马斯洛在1943年出版的《人类动机理论》一书中所提出，他认为人类需求像阶梯一样从低到高按层次分为五种，分别是：生理需求、安全需求、爱与归属感、尊重需求和自我实现。在面对问题学生的时候一味地指责呵斥，只会让孩子破罐破摔，最终走向一条难以回转之路。在处理亮亮的问题时，我首先从内心深处尊重学生，我处处为他考虑，为他着想，学生自然懂得轻重取舍。打好情感牌，呵护好孩子的自尊心，最终取得了良好的效果。教育就是一棵树撼动另一棵树，一朵云推动另一朵云，一个灵魂唤醒另一个灵魂。

三是家校合作，势在必行。一个问题孩子的背后，往往存在一个问题家庭。家庭教育、亲情缺失已经成为学生发展的短板，成为链条中脆弱的一环。通过亮亮的转变，我深刻认识到家庭教育是不可或缺的一环，在学生发展中发挥着无法替代的作用。同时也要引导家长对孩子既要养，也要育。家长要做学习型家长、民主型家长、与时俱进的家长，构建和谐温馨向上的家庭环境，让孩子成为更好的自己。

四是借用集体力量感化学生。人是社会的人，是群居的高级动物。一个人被集体抛弃，很容易让人放弃向上向善向美的追求。亮亮转化的实例再次证明，集体力量大于天。其实，这个事件受益的不仅是亮亮，还有帮助他的集体中的每一个成员。

给问题学生信心，也是给教育者信心，也是给教育信心。美国心理学家罗森塔尔考察某校，随机从每班抽3名学生共18人写在一张表格上，交给校长，极为认真地说："这18名学生经过科学测定全都是高智商人才。"半年后，罗森塔尔又来到该校，发现这18名学生的确长进很大，再后来，这18人全都在不同的岗位上干出了非凡的成绩。这一效应就是期望心理中的共鸣现象。对于教育而言，学生总会朝着你期待的方向发展。所以说，我们要对每一个问题学生抱有信心，对他们抱有信心，也是对自身教育能力抱有信心，也是对教育的未来抱有信心。

时任河南省教育厅厅长毛杰说："教育是生命对生命的尊重，人格与人格的平等，情感与情感的共鸣，此爱与彼爱的交融，智慧对智慧的点燃，文化对文化的润泽。"教育是育心的事业，是培育灵魂的事业。做好教育需要有奉献精神，需要讲究科学，需要讲究艺术。教育也是缺憾的艺术，需要我们不断探索，不断求真，需要我们用爱与智慧托起明天的太阳。

教育让生活更美好

2010年10月4日至11日，我校22名师生随河南省中学生交流访问团赴我国台湾地区进行了为期8天的参观访问。我们访问了育达高职、育达高中、苗栗科技大学，受到了台湾著名教育家王广亚先生、育达高中校长陈永盛先生、育达高职董事长王育华女士的热情接待。行程中顺访了台湾东海大学和台湾大学。

清新的空气、优美的环境、良好的交通秩序给我留下了深刻印象。大街上很少看到垃圾箱，交通井然有序，骑摩托车的人都会戴安全头盔，即便是在深夜，也绝难发现有人闯红灯。是措施严厉，还是台湾民众整体素质高？在接下来的活动中我试图寻找答案。

优秀是一种习惯。我们参观访问了几所学校，所到之处，我们享受到的待遇就是夹道欢迎：接待方的学校领导在校门外迎候，学生列队在通道两旁热情鼓掌，一起喊着"欢迎，欢迎！"阳光、热情、友好的气氛时时刻刻包围着我们。走廊里与同学相遇，他们会缓下脚步为我们让行，并主动对我们说："贵宾好！"文明的举止、得体的言行、无设防的沟通让我们对台湾学生印象颇佳。对苗栗科技大学的访问更让我们对台湾学生有了更为深刻的认识。我们见证了什么叫"垃圾的分类回收"，那天的午饭是由校方提供的盒饭，一份米饭、一个鸡腿、一荤一素两个配菜外加一瓶饮料。用餐结束有两个学生已经等候在门口，垃圾袋子已经放好，饭盒放一处，饮料瓶一处，剩饭一处，餐纸一处。叶圣陶说，教育就是让学生养成一种良好的习惯。养成教育的关键不在于说教，而在于从点点滴滴做起来，直到成为习惯。我心头的疑云在渐渐消散。

因为喜欢，所以无悔。台湾地区的入学率很高，不管是高中还是大学。学生在选择学校和专业时会根据自己的兴趣爱好取舍，不会一哄而上，学校会充分尊重学生的意愿，并最大可能为其提供专业帮助。他们特别注重实践和创新，在交流访问期间，我们亲身感受到了他们对专业的热爱和执着。在育达高中和育达高职，我们实地观摩了学生的课堂，烹饪课、保育课、西餐课、烘焙课、广告设计课、文化知识课，学生都全身心投入，认真学习，反复实践，不断提高，不断创新。陈永盛校长介绍说，学生的行进管乐队表演、广告科的学生创意获得台湾专业比赛的第一名。我们观摩的在校生调酒表演，具有相当高的专业水准。学生们配合默契，动作娴熟，技法精湛，博得参访师生的阵阵喝彩；学生实习的西餐厅，从前厅接待到酒水果盘的搭配再到优质的服务，都让人赞不绝口。我在想，这不正是我们先哲"因材施教"的现实展现吗？这不正是我们新课改理念倡导的注重学生个性发展、培养学生的实践能力和创新精神的生动课堂吗？

学校浓厚的校园文化充分体现了环境育人的重要性。每一条走廊，每一个教室，无不是文化育人的阵地。育达高职校史陈列馆，每一件礼品、每一封书信、每一面锦旗都在述说着学校如何从筚路蓝缕创业维艰一路走来；教学大楼入口"多为成功想办法，不为失败找理由"的对联时刻在提醒学生唯勤唯谨，励志耕耘。学校修建的"家声（王广亚父亲）纪念大楼"和学校创办人的塑像于无声处诠释着"感恩"的内涵，各处洋溢着以儒家经典为代表的优秀传统文化气息，还有处处体现人文关怀的教学楼、宽宽的楼道、图书馆导师预约答疑制度……这所有的一切让我明白只有成功的教育才能实现教育的成功！

行程匆匆，一路的所见所闻、所感所思让答案越来越明晰，是教育让生活更美好。

向着理想的教育迈进

——家访有感

一位德高望重的校长，一场 2000 多字的演讲，30 多次热烈的掌声，7700 名学生泪流满面的齐声高喊——"根叔，根叔……"，这一场景发生在华中科技大学的本科生毕业典礼上，故事的主角就是中国工程院院士、博士生导师、时任华中科技大学校长李培根。这位年逾花甲的人气王是怎么炼成的呢？答案很简单，因为他一直在学生中。餐厅里经常看到他与学生交谈，办公室里经常见到他接待学生来访，BBS 上有他针对学生反映的学校管理热点问题的回帖。所以他成了与学生无话不谈的"根叔"。而家访，让我们每一个普通教师都有可能成为"根叔"。

家访，拉近家校之间的距离。家访拉近的不仅是空间上的距离，更是心灵上的距离。家访，让我对"亲近"有了更深的理解，只有走近学生和家长，走近学生和家长的生活，学生和家长才会对你有亲切感，才会向你敞开自己的心灵，教育才能取得"亲其师，信其道"的效果。2022 年暑假，我利用到商丘师范学院讲课的机会对一名商丘籍学生进行家访，家长感动地在群聊里留言："冒酷暑授业师生，传博学身教为灯，呕心沥血育新苗，历届葳蕤硕果丰。"

家访，打开了倾听的渠道。李政涛教授说，今天的教育，呐喊太多，倾听太少。家访不仅仅是"传经布道"，也是倾听学生和家长的心声，听取合理化的班级管理和学校管理意见，甚至听取学生和家长的烦恼和抱怨的好机会。有时倾听比说教更有效，因为学生和家长平时很缺少这种倾诉和宣泄的机会。

家访，成就优秀的家长。家访中，我发现不少家长很爱孩子，却缺乏爱的艺术，不能给予孩子最需要的爱。在与家长的交流中，我给家长建议："要做一名与时俱进的家长。信息时代下的学生思维活跃，知识更新快，自我意识强，家长要加强学习，与时俱进，不能做一名与学生没有共同语言的'落伍者'。做一名智慧型家长，要努力构建和谐的家庭关系。对 1200 名北大学子的调查显示，仅有 6.5% 的学生认为自己智力出众，而高达 92% 的学生认为自己家庭氛围非常和谐。什么是和谐家庭？第一，和谐家庭要注重家庭环境的营造，包括物质环境、文化环境、精神和心理环境；第二，和谐家庭是"知本"家庭，价值取向在于努力追求新知，以知识为荣，以知识为本；第三，和谐家庭对孩子的教育重点在培养孩子的成功人格。教育孩子从改变自己开始。站在孩子的角度看问题，不能动辄训斥，居高临下，声色俱厉。培养孩子的好习惯，放手让孩子"犯错误"。改变评价标准，要相信自己的孩子，树立正确的成绩观，用发展的观点看待孩子。做一个大写的人远比成绩更重要。

一位家长在家访后用短信给我发了家访感想："感想之一：感谢老师，是因为'师者，传道受业解惑也'。在孩子成长的道路上，老师起到了家长所不可替代的作用，在教书育人方面都要胜于普通家长。高中阶段的老师最辛苦，每位老师为了让孩子考出好成绩都使出了浑身解数，努力钻研教学，特别是班主任老师，不但有教学任务，还要管理一个班级，早出晚归辛苦异常，高中老师的敬业精神值得每位职场中人学习。感想之二：为孩子感到高兴，是因为孩子在高中阶段明显长大了，少了一些初中的毛躁和贪玩，多了一丝稳重和成熟，对学习也有了自信。目前虽然成绩不突出，但是感觉在进步，能够融入班集体中，也逐渐适应了新学校的环境和管理模式。感想之三：鞭策自己，是因为想做一名合格的家长不容易。老师说得好，不能停留在传统的教育理念和方式方法上，要不断学习，与时俱进。互联网时代和自己成长的年代不同，要拉近和孩子的距离，要站在孩子的视角对待他们，要对孩子抱有合理的期望值，不但要为孩子提供后勤保障，更要为孩子建造心灵港湾。"

家访，成就优秀学生。我班有一位同学，性格内向，自信心不足。在家访中，我给她讲到了俞敏洪和马云的故事，孩子很受触动。后来她给我写了一张小纸条："把握自己的青春，相信只有'step by step'（一步一步）才能实现自己的'summer dream'（夏天的梦想）。坚持自己的'belief'（信念），一定可以'step by step'成为宝蓝色天空下的'shining star'（闪耀的星星）。'U'（你）和'M'（我）终究可以找到自己的幸福，不要等到三年后再后悔，不要等到三年后再有'heart quake'（心灵的震撼），相信未来的世界就是你的，相信自己就是那颗广阔天空下的'rising sun'（升起的太阳），不要对自己的前程说'sorry, sorry'（对不起），努力加油，一定可以成为'super girl'（超级女孩）和'wonder boy'（奇迹男孩），上演一出完美的'super show'（超级表演）。"这段话中英文夹杂、妙趣横生，关键是积极向上。在后来的学习阶段，这个孩子变得越来越开朗，越来越阳光，学习成绩也直线上升。

家访，成就优秀的老师。因为没有距离感，学生和家长愿意敞开心扉"建言献策"。班级管理中被忽略的一些盲区，会清晰地出现在你的视野中。对于班级管理、学校管理的很多好的建议，有可能会变成管理中的有效措施。在家长的建议下，我们学校在各年级都成立了家长委员会，由学生家长推选代表参与其中，为我们学校工作出谋划策。在家访中，了解到平时家长忙，老师也忙，沟通机会少，我就设定单周周五上午为班级家长来访日。在家长的建议下，校信通丰富了功能，适时发送学生成长的动态评价和教育学生的合理化建议及名家教育宝典。家访后,针对学生使用手机和早恋等管理难题,我们赢得家长的支持。通过家访,学生和家长对学校和班级管理的认可度大幅提升,家校和谐的良好局面已然形成。

时任河南省委书记卢展工说,我们要有平凡之中的伟大追求,平静之中的满腔热血,平常之中的极强责任感。作为一名教师,我们就是要站稳三尺讲台写青春;作为一名教师,我们就是要走近学生写人生。只要我们把家访这些具体而微的事情做好,我们就会距理想的教育越来越近。

德育活动"最后一公里"

"最后一公里"经常被用来描述公共交通末梢和微循环的问题,近年来,这一概念逐渐被一些行业所使用,引申为完成一件事情的最后而且关键性的步骤。德育活动更需要走好"最后一公里",否则就会功亏一篑,甚至前功尽弃。

在活动中浸润,在体验中成长。活动课程、体验课程越来越受到教育工作者的重视。许多学校都会组织学生参加拓展训练,短短几天的时间,你会发现学生更有礼貌了,纪律观念、团队意识增强了,懂得感恩了……这种变化不是靠几次班会和促膝长谈能够实现的。负责拓展训练的教官文化水平一般都不太高,但是活动效果却很好,究其原因,除了课程设计开发的趣味性和体验性、组织的严密性和有效性外,还有很重要的一方面是抓好了德育活动的"最后一公里"——分享感悟,总结提升。每一个活动结束,教官都会留出充分的时间让尽可能多的学生进行体验分享,学生从身体的参与到心灵的感悟,实现了从感性到理性的提升。分享感悟、总结提升是德育活动中的"点睛之笔""神来之笔"。

如果只关注德育活动的组织,忽略德育活动的深度发掘、持续发力,充其量还是在用"蛮力",体会不到德育中的"四两拨千斤""举重若轻"的妙处,最后结果是为了活动而活动,活动永远只是活动,缺少德育的生成之美。

我校是全国文明单位、河南省中小学德育先进集体,十分重视德育课程的开发和实施,打造的系列德育活动课程受到师生家长和社会各界的广泛好评。"精心组织,倾力投入,极致表达,完美绽放,深度发掘,持续发力"是学校在德育活动中总结出的宝贵经验。正是做好了"深度发掘,持续发力",做好和延长了"最后一公里",德育活动效果实现了最大化、最优化。

以郑州47中2017届成人礼为例。学校成功举办了2017届成人礼后,还推送了《2017届致青春,一场等待了18年的绽放》文章,做好和变相延长了"最后一公里",这个"一公里"收获了许多意想不到的德育成果。家长纷纷在文章下留言。

家长留言一

很有幸成为昨天的主人公之一,整个过程我都是泪眼婆娑。女儿为了不让爸妈哭,可以说是煞费苦心。见面后假装若无其事地调侃,用7种不同的语言风格给爸妈写信,最后选出语言最轻松俏皮的一封呈给爸妈,约定都等回到家后再拆开信件等。感谢学校如此用心地为孩子们承办这么一场隆重的成人礼,感谢学校设计了这么多这么有意义的活动环节,其中写信这个环节让家长和孩子有机会整理18年来的点点滴滴,也对彼此的现在和未来提出了希望和建议。准备这一封信的过程更是让爸爸妈妈能坐下来为同一个目标各穷其力，集思广益，增进了夫妻间的理解与感情，孩子的心灵也得到了触动，写信的过程中纸巾用了一大堆。看着爸爸牵着女儿走在红毯之上，我不由得想：下一个这么隆重的场面恐怕要等到女儿结婚了吧。再次感谢尊敬的校领导和亲爱的老师们！

家长留言二

因为要参加昨天的活动，提前一周就激动兴奋得睡不着觉，给女儿写信过程中一直泪眼朦胧。昨天一进场就止不住抹眼泪。女儿说所有人都会哭，老师都会哭的。果然，当张老师提到自己也是个家长时，也不禁哽咽。如今再回顾，我仍会擦眼泪。47中太会煽情啦！作为孩子初中毕业于47中，高中又将毕业于47中，中间还参加了47中组织的AFS赴美交流的家长，衷心感谢47中！百年修得同船渡，与47中7年的缘分是前世注定的吗？我们会珍惜自己所拥有的这一切。

家长留言三

非常感谢学校举行这样一个意义深刻的仪式，这是对家长和孩子一次心灵的洗礼，诗朗诵时我的眼泪夺眶而出，歌曲唱响时我的眼泪缓缓流下，在孩子三鞠躬时我更是泪如雨下。所有的心酸和期盼都融在了泪水中，感谢47中，感恩47中，愿孩子们放飞梦想，振翅高飞！

这"最后一公里"让家校的心紧紧连接在一起，理解，包容，支持，互勉，共振。

"最后一公里"之后……

我在一篇文章中谈到要走好德育活动的"最后一公里",它指的是为完成一件事情的最后而且关键性的步骤。

德育活动需要"精心组织,倾力投入,极致表达,完美绽放,深度发掘,持续发力",活动的目的是提升学生的认知,如果只停留在活动本身,就没有达到活动的目的,就会让活动功亏一篑,甚至前功尽弃。

德育活动的"最后一公里"——分享感悟,总结提升。每一个德育活动结束,留出充分的时间让尽可能多的学生进行体验分享,学生从身体的参与到心灵的感悟,实现了从感性到理性的提升。分享感悟、总结提升是德育活动中的"点睛之笔""神来之笔"。

"行是知之始,知是行之成。""最后一公里"实现了德育活动从精心设计、严密实施、精彩绽放到深度发掘、持续发力的流程闭合,堪称完美。但是总有一些问题萦绕在我耳边:"最后一公里"之后是什么?还可以做些什么?莫非就像陆芸芸的文章《山的那一边》的开头语——"山的那一边,其实还是山"?

即便"山"的那一边,依旧还是"山",我还是愿意翻越这座"山",看看"山"的那一边……

我在影视教育中有了一些实践和思考。优秀的影视作品对一个人的影响是深远的,高中阶段我会有计划地组织学生收看精选的优秀影视作品。观看《世纪之约》是我带每一届学生时必修的德育课内容。该剧讲述了曾参加"两弹一艇"建造的功臣们在冷战结束后,告别过去半军事化的保密生活,走出深山峻岭、大漠戈壁来到改革开放最前沿,参加一座与国外合作施工的核电站建设的曲折故事,该剧着力表现了这些功臣痛苦的思想观念转变。他们最终完成"二次创业",重铸辉煌。这是一部思想洗礼的大片,剧情跌宕起伏,理念之别天上地下,知耻后勇感佩人心。每次收看我都思绪激荡,感慨万千。学生看完后,我让他们开展头脑风暴,进行思维碰撞,让学生由"感"及"悟",从"感性"到"理性",谈感受写心得,提高思想认识,并把学生发言中的金句和文章整理出来作为学生思想和行动的指南,把德育活动"最后一公里"工作做扎实。

在做好"最后一公里"之后怎么做?我们不愿持续近半个学期的影视教育主题活动就此戛然而止,于是趁热打铁,结合我们的班级文化建设实施"鲲鹏计划",通过绘制班旗、创作班歌,适时开启"新的一公里"。

"北冥有鱼,其名为鲲,化而为鸟,其名为鹏。绝云气,负青天,待六月,将图南。鲲鹏志,国宏班,名校梦,记心间,宏志精神薪火传。'云抟九万,水击三千,鲲鹏志远,奋北图南'。"志向高远的鲲鹏已然成为一班的精神图腾。

影视分享是我们精心走好的"最后一公里","鲲鹏计划"是我们开启的"新的一公里","新的一公里"后我们尝试了"再走一公里",实施了"目标墙"和"习惯墙"。

美国著名哲学家、教育家约翰·杜威认为，目标体现于为实现期望结局所做的努力，并会改变该努力过程。他还认为形成习惯对成长至关重要，因为成长就是不断深化应对未来经验的方式。

杜威的理论给我们许多启发：对于德育活动只做到"知"是不够的，还要"行"；只有"目标"是不够的，还要"过程"；只认识到"成长的重要性"是不够的，还要改掉"坏习惯"，养成"好习惯"。

古人总是用各种办法提醒自己记住自己的缺点。《韩非子·观行》中记载："西门豹之性急，故佩韦以自缓；董安于之性缓，故佩弦以自急。"西门豹知道自己有个性急躁的缺点，经常佩带熟皮，提醒自己放缓一些。董安于觉得自己性格过于宽缓，经常佩着绷紧的弦，提醒自己紧张起来。

我们建设目标墙，每天提醒学生自己努力的方向，让自己的学业更优秀；我们建设习惯墙，则时时提醒学生三省吾身、避短扬长，成就更完美的自己。

做好德育"最后一公里"就是做好了德育活动链条的末端，在该德育闭环中我们让"行是知之始，知是行之成"完美收官。抓住上一个闭环中产生的新的德育契机，开启"新的一公里""再走一公里"，是新的德育活动链条的开端，是"知是行之始，行是知之成"的新闭环。

如此环环相扣，可好？

挺立在属于自己的"土地"上

> 如果有来生，要做一棵树。站成永恒，没有悲欢的姿势。一半在土里安详，一半在风里飞扬，一半洒落阴凉，一半沐浴阳光，非常沉默非常骄傲，从不依靠从不寻找。
>
> ——三毛

五岳归来不看山，黄山归来不看岳。奇松、怪石、云海、温泉这些幼时课文中描述的黄山胜景总是朦胧地萦绕在脑海里。仰慕黄山之名由来已久，得以一睹千峰竞秀、万壑峥嵘之貌却是在2018年8月中旬。黄山之行，忙忙匆匆，玉屏峰上的摩崖石刻、天都峰的险峻，来不及一一领略；西海大峡谷的秀美、光明顶的开阔，来不及细细品味；一线天、鲫鱼背、鳌鱼峰、百步云梯，在腰酸腿疼、气喘吁吁中，我无心留恋。慑于台风温比亚的影响，迫切于开学日子的临近，雨宿光明顶后第二天清晨，将妇挈雏顶风冒雨下山了。"奇松傲立玉屏前，阅尽沧桑色更鲜。双臂垂迎天下客，包容四海寿千年。"心中挥之不去的不是"风景如画"的迎客松，而是下山途中山雨潇潇中那望不到边的松海。黄山松挺拔的身姿，让我震撼于生命的张力，也让我百思不得其解，在这坚硬的花岗岩上，这一棵棵黄山松何以挺直如此？

我急忙上网搜索了一下，黄山松大都生长在悬崖绝壁的石头上，根部不着土，生长在岩石中，很多的解释是它的根系扎进石缝中，从石缝中吸取所需要的养分和水，它的根能分泌出一种有机酸，一点一点地侵蚀花岗岩，使岩石加快风化，形成少量的岩土，而供其扎根。搜索的结论让我对黄山松的敬佩更是多了几分。下山途中路边三棵相邻的松树痉曲裸露的树根震撼了我，它们盘根错节，紧紧抓住属于自己的"土地"（岩石），没有一丝一毫的犹豫，没有一丝一毫的嫌弃，把根系根须深深扎进坚硬的花岗岩。这个场景让我思考，每一个生命都有属于自己的一方"土地"，或许肥沃，或许贫瘠，但是只有植根属于自己的"土地"，才能挺直自己的脊梁；只有植根属于自己的"土地"，才能抗击狂风和暴雨；只有植根自己的"土地"，才能挺立出独一无二的风姿。

一顾诗倾城，再顾词倾国。命途多舛、漂泊伶仃，生活的磨砺想要把她捉弄得狼狈不堪，而她，叶嘉莹先生，才情纵横、气质如兰，在古典诗词的"土地"上，却将日子过成一首首动人的唐诗宋词。

守三分苗园，许一世芳华。享受职业，研究教育，创作诗意，在教育土地上种桃种李种春风，守夏守秋守芳华。李镇西老师在属于自己的土地上，挺立出了教育的星辰大海。让职业充满着诗意，把教育编织成童话。每一个教育者，都应该是一部童话的创作者。

只要用心做教育，我们都可以把我们所带的班级创作成一段故事，编织成一部童话，缔造成一个传奇，导演成一部大片……

突然有劝慰三毛的冲动：何须盼来生，可做一棵树。植根在属于自己的土地，挺立出自己的风姿，挺立出自己的高度。

有一种"土地"叫事业，有一种"挺立"叫有成。

教育也需要供给侧改革

在中国，外出旅行你首选的出行方式是什么？快捷、准时、舒适的高铁是不少人的首选；购物时你会选择什么支付方式？很多受访者都会不约而同地回答：支付宝、微信。现在出门不怕忘了带钱包，就怕忘了带手机，一机在手，吃、穿、住、行、游、购、娱全部搞定，大街上卖煎饼果子的大妈用的都是扫码支付。

2017年5月"一带一路"国际高峰论坛在北京举办前夕，北京外国语大学丝绸之路研究院发起了一次留学民间的调查，来自"一带一路"共建国家的青年评选出了他们心中中国的"新四大发明"——高铁、支付宝、共享单车、网购。

每年的"双十一"，曾经的光棍节，变成了全民的购物狂欢节，甚至全球的购物狂欢节。下面是2016年"双十一"的数据统计，截至2016年11月11日24时，"天猫双11全球狂欢节"交易额超1207亿，覆盖235个国家和地区。菜鸟网共产生6.57亿物流订单，支付宝实现支付总笔数10.5亿笔，支付峰值达到12万笔每秒。这一切得益于阿里巴巴的商业生态，包括交易市场、支付、物流、云计算、大数据、信用借贷，不仅让商家与互联网相连接，更是让商家与未来的商业模式相连接。

企业的成功需要先进的管理理念。某知名家电制造商认为，根据客户的要求提供给他满意的产品，这叫有效供给，叫订单；公司自己生产出来产品等待客户去挑选，这叫无效供给，叫库存。只有淡季的思想，没有淡季的市场。好的公司满足需求，伟大的公司创造市场。细细想来，"新四大发明"也好，成功的企业也好，不都是在供给侧改革上下足了功夫吗？

供给侧改革的成功在于做好内功，为客户提供优质的产品；在于转变观念，为客户提供便捷、优质的服务；在于能够为双方提供简便易行、喜闻乐见的交易方式。供给侧改革通过做好自身功夫，极大地激发了需求侧潜在的消费热情。其实，供给侧和需求侧并不是两个对立的概念，供给侧关注了需求侧的更高层次的需求和潜在需求，提供更优质的产品和服务，激发消费潜能，实现了双赢。

卢梭说，教育的艺术就是让学生喜欢你所教的东西。这句话启示我们两点：一要提供给学生他们喜欢的东西，二要选择学生喜欢的方式。从某种意义上说，教育不就是供给侧吗？

教育也需要供给侧改革，教师要修炼内功，为学生提供更多符合学生发展需求的教育产品；教育要关注受众需求，体现是生本中心，教育要逐步从"以教定学"向"以学择教"转变；教育供给侧，体现是因材施教，尊崇个性发展和需求；教育供给侧，体现的是教育的创新精神和创新能力。为让更多贫困学生有机会享受优质教育资源，我校响应国家号召，承办国家西部助学工程宏志班项目，并以此为抓手，推进常规教学走上新台阶；顺应学生对国际理解教育的需求，开设中外合作办学项目，并在美国田纳西州开设孔子课堂；顺应体艺特长生的需求，开设体育、舞蹈、音乐、美术专业课程；为让每一个学生都能充分施展才华，发展特长，学校开设创客空间、模联大会、国学教室、地理星空教室等，并成立数十个社团，为学生提供丰富多彩的教育产品，满足学生的需求；在国家高考综合改革的背景下，成功创建国家级新教材新课程实施示范校、首批河南省多样化办学示范校，成功申办河南省英语、思想政治一级学科基地和首批河南省普通高中学生发展指导工作室，为实现学生全面而有个性的发展做好供给侧方面的准备。

教育供给侧改革，要有正确的方向，立德树人的总目标不能变，核心素养的具体要求不能变，必须是为了学生的全面发展、终身发展。教育供给侧改革需要高水平的导师团队；教育供给侧改革需要更加新颖的教育途径，为学生提供更喜闻乐见的形式，比如一改传统的讲授课为"名著大舞台""经典咏流传"；教育供给侧改革需要必备的物质条件支撑，如创客空间、汽车模拟驾驶室、机器人社等。相信教育供给侧改革会激发出教育更大的活力，收到更好的教育效果。

参考文献

[1] 朱永新.我的教育理想[M].桂林：漓江出版社，2023.

[2] 苏霍姆林斯基.帕夫雷什中学[M].赵玮，王义高，蔡兴文，等译.北京：教育科学出版社，1983.

[3] 雅克·马里坦.教育在十字路口[M].高旭平，译.北京：首都师范大学出版社，2010.

[4] 李政涛.教育与永恒[M].上海：华东师范大学出版社，2019.

[5] 李政涛.教育常识[M].上海：华东师范大学出版社，2016.

[6] 张岱年.中国人的人文精神[M].哈尔滨：哈尔滨出版社，2021.

[7] 唐江澎.好的教育[M].南京：江苏凤凰出版社，2019.

[8] 成尚荣.青春的旗帜[M].武汉：长江文艺出版社，2024.

[9] 陈鹤琴.陈鹤琴全集[M].南京：江苏凤凰出版社，2019.

[10] 陶行知.陶行知教育名篇[M].北京：教育科学出版社，2013.

[11] 梁启超.梁启超论教育[M].福州：福建教育出版社，2016.

[12] 刘良华.教育哲学[M].上海：华东师范大学出版社，2017.

[13] 彼得·圣吉.第五项修炼[M].张成林，译.北京：中信出版社，2018.

[14] 陶行知.教育理论[M].北京：北京师范大学出版社，2024.

[15] 李伟胜.班级管理[M].上海：华东师范大学出版社，2021.

[16] 余党绪.经典名著的人生智慧[M].上海：上海教育出版社，2019.

[17] 李希贵.面向个体的教育[M].北京：教育科学出版社，2014.

[18] 徐飞.读书——教师的第一修炼[M].上海：华东师范大学出版社，2016.

后 记

为记忆保鲜

参加工作至今已有30年，30年中和一届又一届的学生共同经历无数珍贵难忘的故事。在计算机和智能手机没有普及的年代，许多故事也只能封存在记忆中，在若干年后师生聚会的话题中被激活。如今，计算机和手机成了最便捷的存储工具，保留了数百段视频、数万张照片和大量的文字资料。一方面庆幸有了便捷的存储方式，一方面又苦恼于常常出现硬盘存储空间告急的提示，删除学生资料是一件让人非常痛苦和犹豫不决的事。整理学生的成长故事，还原教育现场，为师生的美好记忆保鲜，就成了一件心心念念的事。

笔者于2006年调入郑州市第四十七中学高中部，本书主要记述的是从2006年到2023年笔者带过的六届宏志班的故事。宏志班是由中宣部、中央文明办、教育部联合实施的助学工程，是让家庭贫困、品学兼优的学子从家乡走向远方的民心工程。宏志生在求学期间志存高远、刻苦勤奋，在取得骄人成绩的同时，打造了精神高地，熔铸了"特别有志向，特别爱学习，特别有礼貌，特别守纪律，特别有作为，特别能胜利"的精神烙印。如今，许多同学学有所成，星散各地，却时刻牢记"宏图报党恩，志远为国强"的铮铮誓言，发扬宏志精神，续写宏志的荣光，把论文写在祖国的大地上，让青春在时代中闪耀光芒。

书稿没有经过刻意的修饰润色，尽可能使用原汁原味的素材，让读者在阅读宏志生成长故事的同时，可以比较清晰地看到一位宏志老班的带班历程和育人理念。前六辑以宏志班师生的诗和故事为主体，意在体现"以文化人"用心。后面几辑，选取了笔者在教书育人过程中读书、发言、生活思悟等方面的内容，与前六辑相互映衬，意在让读者能较全面地认识宏志老班，读懂育人故事背后的内在驱动力。

本书出版过程中得到了学校领导、任课教师和各位专家学者的大力支持，得到了学生及家长的热切期待。郑州市第四十七高级中学叶小耀书记、张天佑校长及学校领导对本书给予了大力支持，河南省中小学班主任研究中心刘肖主任、天津市教育学会班主任专业委员会理事长么青老师、东北师范大学张聪教授、河南大学王晋教授、重庆市教育学会班主任专业委员会秘书长刘俐宏老师、中国浦东干部学院李冲锋教授百忙之中审看文稿并为本书撰写了暖心的推荐语。

我的同事杨长凤、贾淑芳、赵凤芳老师在前期书稿论证过程中给予了宝贵的意见和建议，王艳红老师为本书奉献了两首高质量的原创诗歌并和张端容老师参与了文稿的校对。

清华大学出版社的汪操主任、汤思思老师对本书给予了专业的指导，不厌其烦，精心打磨。

由于期盼心切，书稿整理挂一漏万，未能全貌记述学生的点点滴滴，此等遗憾只好在日后择机弥补。鉴于个人水平所限，书稿难免有舛谬之处，希望得到读者朋友的指正。

张建涛

2024 年 10 月